CAHIERS-INTERNATIONAUX

FRÉDÉRIC STIEVE

L'ALLEMAGNE ET LA POLITIQUE EUROPÉENNE
1890-1914

traduit de l'allemand

LES ÉDITIONS RIEDER

L'ALLEMAGNE
ET LA POLITIQUE EUROPÉENNE

1890-1914

FRÉDÉRIC STIEVE

L'ALLEMAGNE ET LA POLITIQUE EUROPÉENNE

1890-1914

TRADUIT DE L'ALLEMAND

CAHIERS INTERNATIONAUX

LES ÉDITIONS RIEDER

7, Place Saint-Sulpice, 7

PARIS

MCMXXIX

PRÉFACE

L'abondance considérable des publications relatives à la période historique qui a précédé la guerre mondiale a fait ressortir la nécessité qu'il y aurait de trier, d'une façon ou d'une autre, des matériaux si copieux qu'on ne saurait les considérer d'une vue d'ensemble, et de résumer le contenu des témoignages de toutes sortes dans un aperçu aussi bref que possible. C'est la tâche qui a été entreprise dans ce livre. On ne saurait donc y voir autre chose qu'un essai. En effet, la courte période qui nous sépare des évènements que la génération de 1914 a vu se dérouler empêche l'observateur actuel d'embrasser leur développement d'un coup d'œil. Puis on doit toujours compter avec la possibilité de nouvelles publications importantes, qui pourraient modifier plus ou moins l'aspect du passé, soit en rehaussant certains traits, soit en les faisant rentrer dans l'ombre. Quoi qu'il en soit, la grande quantité des documents connus jusqu'ici fera comprendre notre tentative pour les résumer.

L'exposé des faits qui font le sujet de cette étude est basé sur les documents déjà publiés. Il va de soi que la source de beaucoup la plus importante a été la publication, tout récemment terminée, des documents conservés dans les archives du Département allemand des Affaires Etrangères, qui, sous le titre : « La Grande Politique des Cabinets Européens de 1871 à 1914 », contient les pièces diplomatiques que possède le gouvernement allemand sur la période embrassant ces années. Le recueil en question, dû aux travaux patients du

Dʳ F. Thimme, du Pʳ Mendelsohn Bartholdy et du Dʳ J. Lepsius, est une œuvre historique monumentale, telle qu'aucun pays n'en possède une pareille jusqu'à ce jour. Comparées à elle, même les publications, relativement assez volumineuses, tirées des archives russes ne sont que des commencements et des fragments de recueils du même genre parce qu'elles ne se rapportent qu'à de courtes périodes de l'histoire d'avant-guerre. La correspondance d'Iswolski nous fournit seulement un aperçu des dernières années qui ont précédé la catastrophe. L'œuvre de B. de Siebert : « Documents diplomatiques pour servir à l'histoire de la politique de l'Entente » présente de grandes lacunes quant à l'époque à laquelle remontent les documents reproduits. Les publications françaises sont très incomplètes. Du côté anglais, on nous promet une collection de documents, dont le onzième et dernier volume, qui traite des jours critiques de l'été 1914, vient de paraître. Les documents belges ont été publiés dans une nouvelle édition par Bernhard Schwertfeger. Ces publications sont complétées, fort à propos, par certaines parties des mémoires des hommes d'État qui étaient au pouvoir à l'époque qui nous intéresse. Ces mémoires sont d'autant plus précieux qu'ils contiennent souvent d'importants documents. Il va sans dire que les nombreux ouvrages d'un caractère purement descriptif n'ont pu être cités qu'exceptionnellement, parce que, en somme, ils remontent aux mêmes sources que la présente étude. Notre tâche principale devait consister à dégager le plus clairement possible de l'abondance déroutante des détails les grandes lignes du cours des événements. Pour atteindre ce but, il fallait mettre en relief les faits les plus importants, c'est-à-dire ceux qui ont joué un rôle décisif, et ne toucher que brièvement aux questions secondaires ou même les écarter complètement. Un manuel ne doit ni ne peut donner autre chose que les notions essentielles, se borner rigoureusement aux faits décisifs, telle est la loi que lui impose le but pour lequel il est écrit. C'est ainsi que, surtout en décrivant les jours critiques qui ont précédé immédiatement la déclaration de guerre et dont traitent plusieurs études spéciales de tout premier ordre, nous nous sommes efforcés de ne faire ressortir que les points de vue généraux, afin de démontrer que les grandes lignes du cours des évènements n'ont pas dévié jusqu'au dernier moment. Et, finalement, le but d'un aperçu sommaire est précisément d'éveiller, si faire se peut, l'intérêt pour la matière qu'on y traite et d'engager le lecteur à approfondir les problèmes qu'il n'y trouve qu'effleurés.

Pour le peuple allemand les recherches sur son passé le plus récent sont devenues d'une nécessité impérieuse. Si jamais le terme d'Histoire a signifié la connaissance approfondie des destinées d'une nation, c'est bien le cas pour l'Allemagne. Le relèvement moral ne saurait débuter par la réprobation maussade de ce qui fut ni par l'exaltation aveugle du bonheur perdu. Inexorables envers nous-mêmes, nous devons résolument regarder en face ce que fut hier, car hier — que nous le voulions ou non — est le point de départ d'aujourd'hui et de demain? Si nous voulons aller de l'avant, il faut que nous sachions exactement par où nous avons passé.

L'auteur a renoncé à dessein à répondre dans cette étude à la fameuse question de savoir à qui incombe la responsabilité de la guerre mondiale. La tâche de l'historien est d'examiner et de dévoiler les lois qui président à la vie des États. Il évitera un jugement d'ordre moral, ne fût-ce que par la conviction qu'il a de la nécessité intrinsèque de tout ce qui arrive. Seuls les hommes qui poursuivaient un but politique transparent ont pu conserver l'idée de rendre moralement responsables du cataclysme européen un État ou un groupe d'États, à savoir l'Allemagne et ses Alliés. Un procédé de ce genre, dont le comble fut d'imposer par la force à l'adversaire vaincu l'aveu de sa prétendue culpabilité n'a évidemment rien de commun, bien au contraire, avec la constatation de la vérité. Pour tout historien non prévenu, ce n'est là que l'expression d'une mentalité à laquelle, plus qu'à tout autre, est étrangère la morale, dont elle voudrait faire son esclave.

Berlin, novembre 1926.,

Frédéric STIEVE.

LA fondation du nouvel Empire allemand ne fut point une simple affaire de politique intérieure. Qu'on reporte sa pensée en arrière et qu'on se remémore à grands traits les destinées du peuple allemand depuis la fin du moyen-âge : les profondes divisions du temps de la Réforme religieuse, l'horrible misère causée par la guerre de Trente ans, le vain et creux semblant d'existence de l'ancien Empire, les luttes acharnées et maintes fois désespérées de Frédéric le Grand pour maintenir et augmenter le prestige de la Prusse, la tourmente des guerres napoléoniennes, puis le demi-jour crépusculaire où l'Allemagne vécut, impuissante, pendant la première moitié du xıxe siècle. Si l'on embrasse tout cela d'un coup d'œil, on conçoit immédiatement que la fondation de l'Empire proclamé le 18 janvier 1871 constitue une nouveauté de la plus haute importance dans la vie politique de l'Europe. En très peu de temps, par la guerre prusso-danoise de 1864, par le conflit prusso-autrichien de 1866, enfin par la campagne contre la France en 1870-71, l'Allemagne, jusque-là divisée à l'intérieur et condamnée à l'impuissance pendant des siècles, devint un Etat solide et uni. L'idée allemande, qui n'existait à proprement parler que dans les rêves de poètes et de penseurs ayant un penchant pour la politique — cette idée se transforma brusquement en réalité. Le débile centre du continent, ce ramassis de parcelles, s'était soulevé d'un effort puissant, s'était uni et était devenu, pour ainsi dire, d'un jour à l'autre, une grande puissance. Considéré du point de vue politique, ce fait représentait une révolution telle que serait à peu près en géographie la naissance d'une nouvelle chaîne de montagnes. Les anciennes Puissances européennes, habituées à ignorer le bas-pays qui s'étend de la Meuse au Niémen et de l'Adige au Belt, ou à ne l'utiliser que comme champ de bataille, furent soudain forcées, bien contre leur gré, de compter avec l'Allemagne comme avec une égale et de tolérer cette parvenue dans leur vénérable société d'élite. Le génie diplomatique de Bismarck et le génie militaire de Moltke avaient créé ce nouvel état de choses que personne peut-être ne voyait d'un bon œil. Ce fut une révolution dans la grande Europe, d'autant plus grande qu'elle se produisait au moment où ceux qui avait été jusque-là les maîtres incontestés de cette Europe, se mettaient à se partager avec zèle les autres contrées du globe. La fondation de l'Empire allemand, se produisit donc non seulement d'une façon inopinée, mais aussi, en la considérant du point de vue historique — assez tard. Tout cela contribua naturellement à exposer le jeune Etat, dès sa première heure, à de sérieux dangers.

Personne ne se rendit plus clairement compte du danger que le créateur de cette œuvre hardie, le prince Otto de Bismarck. On pourrait presque dire que la crainte de voir détruire l'édifice qu'il avait élevé avec une si prodigieuse rapidité fut le véritable mobile de toute sa politique de 1871 à 1890. Cela peut paraître étrange chez un partisan d'une politique basée sur la force, mais, malgré cela, ou plutôt justement à cause de cela, c'est la vérité. Du premier au dernier moment de son activité, comme chancelier de l'empire, pas un instant il ne cessa d'épier les possibilités inquiétantes d'une coalition dirigée contre l'Allemagne ; contre ce que lui-même nommait le cauchemar des coalitions, il lutta infatigablement. Il ne s'illusionnait pas sur les redoutables faiblesses d'un pays situé au centre du continent et qui, à l'est et à l'ouest présente deux longues frontières ouvertes, par lesquelles ont maintes et maintes fois pénétré les armées des conquérants étrangers. En lui frémissait le souvenir de l'amère expérience de Frédéric le Grand, qui avait vu la France alliée à l'Autriche-Hongrie et à la Russie. Bismarck savait que peu de temps auparavant, dans la guerre de Crimée (1854) il s'en fallut de bien peu que les puissances occidentales, l'Angleterre et la France, n'eussent combattu côte à côte avec la monarchie danubienne. Surtout, il voyait clairement qu'à l'ouest, le voisin vaincu ne pouvait oublier sa défaite. La nation française, touchée au point le plus sensible, dans son amour de la guerre, méditait de prendre sa revanche, non seulement à cause de la perte de l'Alsace-Lorraine, mais plus encore pour récupérer son ancienne hégémonie sur le continent. L'orgueil gaulois ressentait amèrement sa déchéance politique et les provinces d'au delà des Vosges n'étaient en réalité que le symbole des aspirations secrètes vers la suprématie perdue. La blessure n'était pas à fleur de peau, mais profonde. Ce qui faisait le plus souffrir la France c'était le changement qui s'était produit en Europe : réduite à ne plus jouer comme autrefois le premier rôle, elle guettait toutes les occasions de corriger une situation politique où son influence était amoindrie ; c'était donc là, en définitive, le point de départ des périls dont nous avons parlé.

En examinant de plus près le labeur infatigable de Bismarck dans le domaine diplomatique, nous verrons vite que tous ses efforts tendirent à parer aux dangers que présentaient pour le nouvel Empire allemand les faiblesses que nous avons indiquées. Comment s'y prit-il ? Quels furent les points de vue principaux qui le firent agir ? Pour commencer par la France, nous pouvons brièvement établir que dès le premier jour de la paix, il s'efforça d'observer une attitude très modérée envers Paris, afin de ne pas blesser inutilement le sentiment national endolori des Français. Il écarta l'idée d'une nouvelle guerre, d'une guerre préventive, telle qu'elle fut occasionnellement suggérée par les militaires qui aurait eu pour but d'empêcher un relèvement trop rapide du voisin ennemi.

Non seulement il contesta que l'Allemagne eût quelque chose à gagner par ce moyen, mais il exprima la crainte qu'une guerre de cette nature ne suscitât à l'agresseur, dans le monde entier, de nouveaux ennemis. C'est en entière concordance avec cette opinion que l'empereur Guillaume Ier écrivit, le 16 mai 1875, en marge d'un article de journal qui faisait allusion à l'opportunité d'une guerre préventive contre la France : « Pour faire des guerres heureuses, il faut que l'agresseur soit soutenu par la sympathie de tous les hommes et de toutes les nations d'un esprit élevé et noble, il faut que l'opinion universelle jette la pierre à celui qui s'engage dans une guerre injuste. Voilà le secret de l'enthousiasme de l'Allemagne en 1870. Celui qui prend les armes sans juste motif aura la voix publique contre lui, il ne trouvera point d'alliés, point de neutres bienveillants, même, très probablement, pas de neutres du tout, mais bien des adversaires » [1]. C'est suivant un dessein mûrement

---

1. *Grande Politique*, vol. I, p. 282.

réfléchi que Bismarck chercha à encourager la France dans ses acquisitions coloniales, surtout depuis 1875, quand Paris eut réussi à obtenir l'appui diplomatique de Londres et de Saint-Pétersbourg contre de prétendues intentions agressives de l'Allemagne, afin de détourner ainsi les ambitions françaises vers le dehors. En 1884, l'Italie ayant invité l'Allemagne à s'opposer à la France au Maroc, il répondit : « Si l'on constatait que l'Allemagne non seulement veut garder Metz et Srasbourg, mais encore qu'elle est jalouse de la possibilité pour la France de chercher outre-mer des compensations à la frontière du Rhin, la conviction qu'aurait alors la France de trouver toujours sur sa route l'opposition de l'Allemagne fortifierait notablement le parti de la revanche, la haine nationale et l'énergie des Français, et hâterait la déclaration d'une nouvelle guerre franco-allemande au bout de laquelle, même au cas d'une victoire éventuelle, je ne vois pas trop quel pourrait être pour nous le bénéfice. Même en cas de victoire, une guerre de ce genre serait une grande calamité, et je ne pourrais prendre la responsabilité d'en augmenter les chances[1]. » Voilà qui éclaire dès le début l'opinion fondamentale du chancelier en politique extérieure. L'Allemagne ne voulait rien de la France. Elle désirait vivre en paix avec la République et ne s'opposait pas à ce qu'elle obtînt, hors de l'Europe, les avantages qu'elle désirait. Mais en même temps, il ne fallait jamais oublier qu'à Paris le désir de la revanche restait vivace, et il fallait donc prendre là toutes les précautions possibles.

La plus efficace de ces assurances, Bismarck la vit dans des alliances avec d'autres puissances, pour

---

1. *Grande Politique,* vol. III, p. 412.

interdire ainsi à la France la poursuite de son but caché. Il tâcha donc avant tout que l'adversaire trouvât porte close à Vienne et à Saint-Pétersbourg Il fallait empêcher, entre la France, la Russie et l'Autriche-Hongrie le réveil de la coalition qui avait autrefois voulu briser Frédéric le Grand. Or, à la fin de l'année 1871 se produisit fort heureusement un changement décisif dans l'orientation politique de la Monarchie danubienne : le Comte Jules Andrassy devint ministre des Affaires Étrangères à la place du Comte de Beust, qui nourrissait toujours le projet de rétablir la suprématie autrichienne en Allemagne. Andrassy ne dirigea point ses regards vers le nord, mais vers le sud-est, c'est-à-dire vers les Balkans afin d'y chercher de nouvelles perspectives pour son pays. Bismarck ne tarda pas à prendre contact avec Andrassy pour créer une entente entre les deux empires. Il travaillait simultanément à obtenir l'adhésion de la Russie, et le tsar Alexandre II accueillit ses avances avec joie. Ainsi fut conclu en 1873 ce qu'on appelle l'alliance des trois empereurs, par laquelle les souverains de l'Allemagne, de l'Autriche-Hongrie et de Russie s'engagèrent à se concerter dans le cas où la paix européenne serait mise en péril et à ne conclure avec quiconque aucun autre accord. Huit ans plus tard, le 18 juin 1881, l'alliance était transformée en un traité secret de neutralité dont une clause assurait à chacun des alliés la neutralité bienveillante de ses deux amis en cas de guerre avec une autre grande puissance. Le chancelier allemand caractérise lui-même la valeur de cette convention en ces mots : « L'empereur Alexandre (de Russie) passant pour un souverain à la parole duquel on peut se fier, nous pouvons considérer la paix de nos deux voisins (l'Autriche et la Russie) comme assurée pour bien des années. En outre le danger pour l'Allemagne d'une coalition franco-russe est complètement écarté, ce qui nous garantit de façon presque certaine l'attitude pacifique de la France à notre égard ; du même coup, l'herbe est coupée sous le pied des militaires germanophobes de Russie, dont sont ainsi ruinées les tentatives pour influencer les décisions du jeune Empereur[1].» Ici encore apparaît nettement le «Leitmotiv » de la politique bismarckienne : protection contre les plans agressifs de la France. Comme néanmoins des doutes étaient possibles quant à la continuité de l'attitude de la Russie, le chancelier avait conclu en 1879 une alliance séparée avec l'Autriche Hongrie, alliance qui, en cas de nécessité, lui donnait la possibilité de s'appuyer uniquement sur Vienne. Ce rempart élevé au centre de l'Europe pour la défense de la paix ne paraissant pas encore suffisant à Bismarck, il ne tarda pas à y ajouter une forte muraille extérieure. A son instigation, on signa à Vienne, le 20 mai 1882, un traité défensif entre l'Allemagne, l'Autriche et l'Italie. On décida tout d'abord que l'Italie et l'Allemagne, dans le cas où l'une ou l'autre serait attaquée par la France sans que celle-ci eût été provoquée, serait soutenue par les deux autres puissances signataires. Dorénavant les portes de Rome étaient également fermées aux offres françaises d'alliance. Si l'on ajoute encore que, le 30 octobre 1883, la Monarchie danubienne conclut également une entente défensive avec la Roumanie , à laquelle l'Allemagne adhéra par une déclaration spéciale, on comprendra quelle vaste envergure Bismarck avait su donner à son entreprise pour protéger la sécurité de l'Allemagne.

La France se trouvait effectivement isolée, et

---

1. *Grande Politique*, vol. III, p. 175.

elle ne percevait pas la possibilité de réaliser ses projets ambitieux et de récupérer sa prépondérance en Europe. Ainsi était érigée sur notre continent une digue telle qu'on ne saurait guère en imaginer de plus forte. Ce fut vers 1885 que les efforts de Bismarck atteignirent l'apogée de leur succès pour la protection du nouvel Empire allemand contre tous les dangers qui le menaçaient. Le but principal que se proposait le chancelier — le maintien de la paix — était atteint d'une façon éclatante car, partout où aurait pu surgir un conflit, Berlin avait le dernier mot à dire et était en état d'empêcher une catastrophe. Ainsi la politique défensive, qui contenait en germe le système des alliances tout entier, devint en même temps une politique agissante et efficace pour le maintien du *statu quo*, sous la garantie des traités complexes et variés conclus par l'Allemagne avec des puissances étrangères, et non seulement le jeune Empire au centre de l'Europe, mais l'Europe entière prospérait, parce qu'elle était à l'abri de toute secousse. Celui qui avait créé cette situation générale était précisément le « parvenu » de 1871 — ce parvenu qui, grâce à l'énergie infatigable de Bismarck, à son imagination créatrice et à la sûreté de son instinct politique, était devenu l'Etat dirigeant qui, dans son propre intérêt — la paix — faisait la loi au continent tout entier. Ce n'était point là une domination supposant l'asservissement « d'autrui », mais une suprématie qui tendait au bien de tous.

Le journal anglais "*Pall Mall Gazette*" avait pleinement raison lorsqu'il écrivait, en 1883, le jour de l'anniversaire de Sedan : «Une suprématie telle que celle dont jouit l'Allemagne, qui est presque sans précédent, est encore plus remarquable par la façon dont elle est pratiquée. Ni l'Angleterre après Waterloo, ni la France après Solférino, ni l'empereur Nicolas après l'écrasement de l'insurrection hongroise, n'exercèrent une influence analogue. La plupart des hommes élevés dans la tradition de la doctrine de l'équilibre européen auraient déclaré impossible qu'une autorité aussi immense pût être placée entre les mains d'un seul gouvernement, sans grand préjudice pour la paix; l'indépendance et le bien-être général de l'Europe. Or, le nouvel état de choses a été mis à l'épreuve pendant treize ans et, aucun observateur impartial ne peut douter que la prépondérance allemande n'ait été somme toute l'élément le plus sain dans la situation européenne. La politique allemande a commis incidemment des erreurs, car les Allemands sont de simples mortels comme les autres hommes, mais à tout prendre l'existence, au centre de l'Europe, de cette grande force pacifique, a été avantageuse pour elle. S'il était certain que cette force fût unie à l'avenir, ne serait-ce qu'avec la moitié de la sagesse et de la retenue dont elle a fait preuve jusqu'ici, il y aurait bien peu d'hommes en dehors du petit cercle des hommes politiques français qui ne seraient pas enclins à dire : *esto perpetua !* Il est rare qu'un pouvoir aussi immense ait été appliqué avec autant de sagesse [1] ».

On ne peut mesurer toute la valeur du système des alliances qu'en se rappelant combien d'antagonismes ce système a permis à Bismarck de réduire. D'abord l'antagonisme franco-allemand, dont nous avons parlé. Ensuite, quoique peut-être moins accentué alors, l'antagonisme entre l'Italie et l'Autriche-Hongrie. Beaucoup plus décisive et plus importante était la rivalité entre la Russie et l'Angleterre au

---

1. Cité par O. Becker, *La politique bismarkienne des alliances*, p. 59.

sujet de leur influence mutuelle en Asie. Cependant,
dès cette époque, c'étaient les Balkans qui constituaient le plus grand danger pour l'existence politique du continent européen. Nous avons déjà mentionné que la Monarchie danubienne sous le comte
Andrassy, comme ministre des Affaires Etrangères,
y avait jeté les yeux. Or, c'est justement là que la
Russie manifestait de vastes prétentions. L'Empire
des tsars aspirait depuis longtemps à la possession
du Bosphore et de Constantinople pour obtenir ainsi
une issue de la mer Noire vers la Méditerrannée.
A Vienne on soutenait la Porte, et l'Angleterre s'opposait également à l'avance de la grande puissance slave vers Constantinople vu que la route des Indes eût
été de ce fait sensiblement menacée. La Russie se
rangea dans le sens de ses intérêts au côté des peuples
slaves soumis au Croissant qui réclamaient leur libération, et ainsi éclata la guerre Turco-russe de 1877 —
guerre qui eut pour conséquence un vif antagonisme
entre Vienne et Saint-Pétersbourg et Londres. Le
chancelier intervint alors comme médiateur au Congrès de Berlin, en été 1878, et sut si bien faire qu'on
aboutit à un compromis. La Russie obtint la Bessara-
bie et un accroissement de sa puissance en Arménie
tandis que l'Autriche fut autorisée à occuper la Bosnie et l'Herzégovine. Une courte période de tranquillité
s'ensuivit d'abord, mais bientôt un nouveau foyer d'incendie se découvrit dans la principauté de Bulgarie qui,
en même temps que la Serbie et le Monténégro, avait
été émancipée de la souveraineté turque. La Bulgarie
avait été concédée comme sphère d'influence à l'Empire des tsars, mais les Russes y jouèrent vite le rôle
de maîtres qui prétendaient décider à leur guise du
sort du peuple qu'ils avaient délivré. Ainsi ils se trouvèrent en opposition avec le prince de Bulgarie,

Alexandre de Battenberg, qui finalement dut céder
à la pression qu'on exerçait sur lui de Saint-Pétersbourg. L'Autriche profita des troubles qui en ré-
sultèrent pour montrer les esprits contre la Russie,
ce qui élargit le fossé entre la Monarchie danubienne
et l'Empire des tsars à un point qui donnait à réfléchir.
Lorsqu'il s'agit en 1887 de renouveler l'alliance des
trois empereurs, Saint-Pétersbourg refusa de se prêter à ce renouvellement.

Ce fut une large fissure dans la grande œuvre bismarckienne des traités d'alliance. Il était devenu impossible de faire entrer directement dans le système
des engagements réciproques les deux puissances
en rivalité dans les Balkans. Un changement décisif
dans la politique du chancelier allemand s'imposait.
Il s'était efforcé continuellement de tenir l'Allemagne en dehors des différends entre la Russie et l'Autriche, sans pouvoir éviter que les milieux nationalistes de la Russie prissent de plus en plus position
contre Berlin. Ainsi que nous le savons actuellement,
dès le Congrès de Berlin, les chefs militaires de la
grande puissance slave pensaient avec une énergie
croissante à la préparation d'une guerre contre l'Allemagne [1]. En face d'une situation qui se manifestait à l'extérieur par une campagne d'excitations
haineuses dans une grande partie de la presse russe,
Bismarck dut renoncer à sa solution idéale des années
quatre-vingt. Il sut se tirer de ce mauvais pas par un
expédient qui malgré tout permit d'assurer la sécurité de l'Allemagne et de lui conserver l'amitié des
deux adversaires dans le Proche-Orient. S'il ne pouvait pas les tenir unis, il pouvait s'entendre séparément
avec chacun d'eux et obtenir ainsi une influence

---

1. Voir : A.-M. SAYONTSCHOWSKI, *La Guerre Mondiale.*

décisive, tant d'un côté que de l'autre. Telle une araignée dans sa toile dont les fils s'étendent dans des directions opposées, il put ainsi rester au centre et agir à gauche et à droite d'une façon stimulante ou modératrice. C'est ainsi qu'on en arriva au traité de réassurance avec la Russie, tandis que l'Autriche restant à la fois dans l'alliance austro-allemande, conclue dès 1879, et, dans la triple alliance, se trouvait appuyée par une entente anglo-italienne dans la Méditerranée.

Le traité de réassurance fut conclue après de longues négociations, le 18 juin 1887, pour une durée de trois ans. En voici en gros la teneur : l'Allemagne et la Russie s'engageaient réciproquement à une neutralité bienveillante dans le cas où l'une d'entre elles se trouverait engagée dans une guerre. On concédait à la Russie le droit à une influence prépondérante et décisive sur la Bulgarie et la Roumélie Orientale. Les détroits de Constantinople devaient être considérés comme fermés conformément au règlement adopté au Congrès de Vienne, et l'on persuaderait la Turquie de ne permettre aucune exception en faveur d'une autre puissance. Un protocole additionnel et secret stipulait que l'Allemagne aiderait la Russie à établir un gouvernement légal en Bulgarie, mais qu'elle refuserait de sanctionner la restauration du prince de Battenberg. En outre, l'Allemagne s'engagea à observer une neutralité bienveillante et à sanctionner moralement et diplomatiquement les mesures que pourrait prendre la Russie dans le cas où le Tsar jugerait nécessaire aux intérêts de son empire de se charger lui-même de défendre l'accès de la mer Noire. Quand on examine ce traité, ce qui frappe d'abord, ce sont les grandes concessions accordées par Bismarck à l'Empire des tsars — concessions qui restèrent presque sans équivalent de la part de Saint-Pétersbourg. Une clause particulièrement digne de remarque est d'après laquelle, en cas de guerre entre l'Autriche et la France, la neutralité bienveillante mutuelle ne serait pas appliquée, si cette guerre était provoquée par l'agression de l'un ou de l'autre des contractants. Là, le chancelier de l'Empire allemand sacrifiait même une partie de sa politique de garantie, uniquement pour amener la Russie à une entente. Il le fit, parce que par là il comptait tenir solidement dans sa main l'Autriche-Hongrie, le principal adversaire de son ami slave. Pour comprendre entièrement le sens du traité de réassurance, il faut avoir en même temps sous les yeux la façon de procéder de Bismarck à l'égard de la Monarchie danubienne. En effet, il fit tout pour affermir l'attitude de Vienne vis-à-vis de la Russie. Ce résultat fut obtenu à son instigation par la conclusion de l'accord anglo-italien du 12 février 1887, selon lequel l'Italie et l'Angleterre s'engageaient à maintenir le *statu quo* dans la Méditerranée, ainsi que dans les régions limitrophes de celle-ci et même dans la mer Noire. Le 24 mai 1887, l'Autriche adhéra à cette Convention et gagna ainsi la puissante alliance de la Grande-Bretagne pour la défense de ses intérêts contraires à l'expansion slave dans le Proche-Orient. L'Allemagne se tenait ainsi à l'arrière-plan et favorisait les aspirations des deux rivales. Une telle politique de joueur de dames, ainsi qu'avait coutume de la désigner son créateur, n'était nullement une ruse contre la Russie et l'Autriche, mais un procédé inédit pour prévenir en Europe les bouleversements qui auraient pu devenir dangereux pour l'Empire allemand. En effet, les bouleversements de ce genre étaient rendus plus difficiles du fait que Berlin pouvait exercer son influence modératrice aussi bien d'un côté que de l'autre. Si, malgré cela, on en venait à un conflit, le chancelier était en état de décider de l'issue de la lutte, et par son intervention, de préserver du pire l'un ou l'autre de ses amis. Ainsi la nouvelle œuvre de garantie était encore conçue d'une façon magistrale.

Cependant on doit avouer que la solution de 1887 fut un recul si on la compare à la solution idéale donnée précédemment au système des traités. La force des événements, la gravité croissante des désaccords européens avaient contraint le génial diplomate à échanger la première position, absolument dominante, contre une seconde qui permettait d'évoluer avec plus de facilité, mais qui, par cela même, était aussi moins solide. Cependant le péril croissait d'année en année. La plaie du continent, les Balkans, s'envenimait de plus en plus. Le mouvement panslaviste, qui réclamait pour la Russie la suprématie sur les peuples slaves au sud-est de l'Europe, devenait de plus en plus menaçant. Et en même temps s'agitaient de nouveau en France des forces qui, voulant faire sortir la République de son isolement, recherchaient l'alliance avec la Russie. Pendant les négociations au sujet du traité de réassurance, Paris usa même de faux documents pour semer la méfiance entre Saint-Pétersbourg et Berlin. Tous ces nuages à l'horizon troublaient nuit et jour le repos de Bismarck. Il savait qu'il n'était pas prudent de laisser l'Empereur continuer sa route sans le tenir par un traité [1]. Fidèle aux idées qui avaient toujours inspiré sa politique, il chercha pendant les dernières années où il détint le pouvoir une nouvelle combi-

----

1. *Grande Politique.* vol. V, p. 262.

naison qui pût protéger sa patrie contre toute sombre éventualité.

Le point de contact qui s'offrait encore à lui, c'était l'Angleterre. Nous avons vu que le chancelier avait réussi à rattacher ce pays à la triple alliance, par un faible lien, il est vrai, au moyen du traité de la Méditerranée conclu avec l'Italie et l'Autriche. Bismarck voyait là un grand progrès, car son fils Herbert, alors secrétaire d'Etat au Département des Affaires Étrangères, s'exprime comme suit à ce sujet : « Ce n'est pas un succès à dédaigner que nous ayons pu engager l'Angleterre aussi loin. » Il n'est pas douteux que le chancelier ait eu l'intention d'aller plus loin encore. Ses rapports avec l'Angleterre, durant la période où il dirigeait la politique allemande, peuvent se caractériser en peu de mots : il cherchait à se rapprocher de l'Angleterre dès qu'il avait à craindre de perdre la Russie. L'alliance avec l'Autriche et l'Italie ne lui suffisait pas, il était d'avis que l'Allemagne, pour conserver sa situation, avait besoin de s'appuyer sur une autre grande puissance. Et celle-ci devait être soit l'Empire des tsars, soit la Grande-Bretagne. Tout au début, il rêva même une entente avec toutes les deux. Plus tard, lorsqu'il se fut rendu compte des dispositions peu favorables de l'Angleterre, il ne se tourna vers Londres que lorsque Saint-Pétersbourg lui causait du souci. C'est ainsi que, dès 1876, pendant les premiers troubles balkaniques, il s'efforça d'aboutir à la conclusion d'un traité avec le gouvernement britannique, mais sans y réussir. En 1879, lorsque la presse russe se répandait en amères récriminations contre les décisions du Congrès de Berlin, il réitéra ses avances à l'Angleterre, mais rompit ensuite les négociations, qui cette fois semblaient prendre un meilleur cours, parce qu'il prévoyait qu'elles allaient indisposer sérieusement la Russie. D'une façon générale, il se garda de conclure avec les Anglais un accord qui eût pu entraîner l'Allemagne dans une guerre anglo-russe. Dans une lettre qu'il adressait le 22 novembre 1887 à lord Salisbury, il expliquait très nettement qu'il n'entendait pas que sa patrie devînt le champion de la Grande Bretagne sur le continent [1]. Il ne concevait un accord que basé sur la liberté d'action des contractants et voulait, là comme ailleurs, rester le « joueur de dames ». La façon dont il se représentait le règlement de l'affaire ressort clairement des offres d'alliance qu'il fit à l'Angleterre en 1889. A ce moment, hanté par la crainte grandissante de voir la Russie changer d'orientation malgré le traité de réassurance, il espérait pouvoir enfin aboutir à une entente avec Londres. L'ambassadeur d'Allemagne, le Comte Hatzfeldt, reçut donc des instructions pour proposer à Lord Salisbury un traité entre l'Allemagne et l'Angleterre, traité par lequel les deux pays s'engageraient à résister en commun à une attaque française. « Mon idée est, tels sont les termes de ces instructions, qu'en cas d'approbation donnée par Sa Majesté, on devrait conclure, entre les gouvernements anglais et allemand, un traité par lequel tous les deux s'engageraient à s'appuyer mutuellement dans le cas où la France d'ici un ou deux ou trois ans, selon les circonstances, viendrait à attaquer l'un de nous et que ce traité, qui lierait l'Allemagne même sans vote parlementaire, devrait être soumis au parlement anglais pour approbation et communiqué publiquement au Reichstag. Je crois que l'effet d'une démarche publique et virile dans ce sens serait un soulagement

---

1. *Grande Politique*, vol. IV, p. 376.

et un apaisement, non seulement pour l'Angleterre et l'Allemagne, mais pour toute l'Europe.» [1]. Voilà qui montre clairement quelles étaient les visées de Bismarck. Par une entente avec l'Angleterre, il ne voulait en aucune façon s'engager derrière l'opposition que l'Angleterre faisait à la politique russe. Selon lui l'Allemagne ne devait jamais être la sentinelle des intérêts britanniques sur le continent. Ce n'est que là où les intérêts de l'Angleterre et de l'Allemagne concordaient, c'est-à-dire pour surveiller la France et l'empêcher de troubler la paix européenne, que les deux pays devaient marcher la main dans la main. C'eût été là une alliance sous réserve de l'indépendance entière des deux parties et dans laquelle aucune d'elles n'eût couru le danger d'être entraînée dans une guerre en contradiction avec ses intérêts nationaux. Le ministre des affaires étrangères, Lord Salisbury, esquiva la proposition. Il ne dit « ni oui ni non » et exprima le regret de ne pouvoir, pour le moment, faire davantage. Le véritable motif de son attitude était que la proposition de Bismarck ne correspondait pas aux vœux de l'Angleterre. Ce qu'à Londres on attendait d'une entente avec une puissance continentale, c'était précisément ce que le chancelier allemand voulait éviter. On y désirait un allié que l'on pût, en cas de nécessité, envoyer en avant contre les rivaux de l'Angleterre sur le continent, donc à cette époque, surtout contre la Russie. Lorsque en 1887 lord Salisbury avait sondé le terrain à Berlin, il s'était agi de gagner l'Allemagne à la politique britannique dans le Proche-Orient — politique qui, ainsi que nous l'avons vu, était dirigée contre la Russie. C'est à quoi Bismarck avait refusé de

—————

1. *Grande Politique*, vol. IV, p. 401-402.

se prêter en déclarant très nettement : « Notre politique visera..., contrainte par la force des choses, à
nous assurer les alliances qui s'offrent à nous, en considération du risque possible d'avoir à combattre en
même temps les deux puissances voisines »[1]. Ce fut
une alliance dans ce sens qu'il proposait en 1889.
Elle échoua devant les visées de l'Angleterre qui suivaient une autre direction.

Quand on embrasse les efforts gigantesques de
Bismarck pour assurer l'existence du nouvel Empire
allemand au milieu de l'Europe, quand on pense à
l'imposant système des traités qu'il échafauda pour
entourer son pays d'une sorte de ceinture de forte-
resses, quand on observe comment ce grand homme
politique, dans les dernières années de son activité
lutta infatigablement avec les difficultés toujours
croissantes de la situation générale pour que son pays,
au centre du continent, restât à l'abri des complications, on en arrive involontairement à conclure que
même le génie du premier chancelier de l'Empire allemand ne suffisait plus, à la longue, à maîtriser complètement tous les dangers qui menaçaient son œuvre. Le fait qu'il abandonna l'alliance des trois empereurs pour se rabattre sur la double entente avec
la Russie et l'Autriche-Hongrie, et sa vaine tentative
de gagner l'Angleterre, prouvent d'une façon évidente combien s'obscurcissait peu à peu l'horizon. Les
nombreux antagonismes dont nous avons parlé plus
haut devenaient d'année en année plus aigus. Dans
les Balkans, l'abîme se creusait de plus en plus profond. Les milieux politiques de Paris qui méditaient
la revanche étaient déjà entrés en contact dans la
coulisse avec un puissant parti panslaviste qui s'é-

---

1 *Grande Politique.* vol. IV, p. 379

tait formé en Russie. L'Angleterre, comme autrefois, considérait le continent surtout du point de vue de ses propres aspirations, qui s'étendaient à toutes les parties du globe. Partout s'agitaient en secret les puissances ténébreuses qui tendaient à une modification du *statu quo*.

Malgré tout, Bismarck réussit, grâce à son habileté extraordinaire, à paralyser l'action de ces ténébreuses puissances aussi longtemps qu'il servit de pilote au navire allemand. Le prestige que sa personne avait acquis même à l'étranger durant ses vingt années d'efforts inlassables en faveur de la paix, la pénétration infaillible de son esprit supérieur, la confiance dans la loyauté de ses intentions, tout cela constituait des forces impondérables qui exerçaient une influence décisive en faveur de son œuvre. Surtout, sous sa direction, à la fois prudente et riche d'imagination et par cela même hardie, le peuple allemand parvenait à un épanouissement sans précédent de prospérité économique. Les années de la puissance extérieure coïncidèrent avec les années du développement industriel. Une véritable fièvre de progrès s'empara de la nation de rêveurs d'antan. On eût dit qu'une seule génération voulait regagner le temps perdu pendant des siècles. Les villes s'étendirent au loin dans la campagne, des usines surgirent de terre un peu partout, le négociant se mit à nouer des relations dans les régions du globe les plus éloignées. La poussée vers les pays lointains, qui, chez d'autres peuples de l'Europe avait déjà pris forme de domination sur de vastes empires coloniaux, s'empara également des Allemands. Elle se manifesta d'abord par le développement du commerce. Puis, par la force naturelle des choses, se firent entendre des voix qui réclamaient des possessions d'outre-mer pour y écouler le trop-plein des forces du pays. Bismarck ne se rendit à cet appel qu'à contre-cœur. Il était si préoccupé de ce qui constituait la base de la prospérité allemande, c'est-à-dire de la situation de l'Allemagne en Europe même, qu'il éprouvait une aversion très nette contre les tendances de l'expansion. Mais il finit par faire des concessions au nouvel esprit et c'est avec son aide que furent acquises presque toutes les colonies que le peuple allemand posséda plus tard.

Ce qu'il y a de profondément tragique dans la vie du premier chancelier de l'Empire allemand, c'est que son œuvre la plus personnelle, ce nouvel empire, se transforma entre ses mains avec rapidité et cessa tout à coup de répondre à l'idée que son fondateur s'en était faite. Le gardien inquiet des frontières vit déborder de ces mêmes frontières la nation qu'inlassablement il mettait toute son énergie à protéger. Puis surgirent de jeunes forces qu'il n'était plus fait pour comprendre, telles que la social-démocratie. Il apparût tout à coup que la prospérité qui avait grandi sous ses auspices cachait des périls internes qu'à la longue il ne pouvait conjurer par les moyens de cette politique basée sur la force qu'il avait suivie avec tant de succès dans le domaine des Affaires Etrangères. Le vide se fit autour de l'infatigable lutteur. L'Allemagne nouvelle qu'il avait préparée lui-même se détourna de lui. Certes cette évolution était nécessaire, inéluctable, comme toute évolution historique, mais elle était néfaste non seulement pour l'homme qui se trouvait au pouvoir, mais pour son peuple entier. L'Allemagne, qui était l'œuvre de cet homme, vivait politiquement de sa supériorité, et, pays situé au centre de l'Europe, pays aux deux flancs découverts, dernière venue parmi les grandes puissances, elle avait besoin de cette supériorité pour pouvoir continuer à exister. Dans son domaine propre, en politique étrangère, Bismarck n'a pas laissé de véritables disciples, à l'exception de son fils Herbert, qui se retira en même temps que lui. Eût-il pu en laisser ? Mérite-t-il des reproches ? Et, après tout, le génie peut-il se communiquer à un entourage médiocre ? Il est difficile de répondre impartialement à ces questions. Une seule chose est certaine, c'est qu'étant données les conditions particulières où se trouvait l'Allemagne, ce fut un malheur doublement grand. Pendant les siècles d'impuissance politique et de divisions intérieures que le peuple allemand avait traversés, il n'avait acquis aucune expérience des affaires étrangères. Se voyant guidé sûrement par le premier chancelier de l'Empire, il avait pris l'habitude d'abandonner docilement à son chef la direction de la politique étrangère. Il lui manquait donc ce discernement instinctif des intérêts nationaux qui, chez d'autres peuples, était devenu une tradition, et, par suite, la nation dans son ensemble ne se rendait qu'imparfaitement compte des évènements auxquels elle était mêlée.

La preuve la plus évidente de ce défaut fondamental, c'est le fait à jamais honteux qu'au Reichstag, le 18 mars 1890, aucun parti ne s'opposa au départ de Bismarck, ni même ne le déplora [1].

Personne ne comprit quelle perte la nation allait faire lorsque le chancelier fut obligé de remettre sa démission au jeune empereur. Guillaume II. De tous les dangers qui menaçaient le nouvel Empire, cette inconscience politique de la nation allemande fut certainement le plus grand. Rien n'a plus puissam-

---

1. W. Mommsen, *La chute de Bismarck et les partis politiques.*

ment contribué au développement des forces ténébreuses à l'affût au-delà des frontières, rien ne les a davantage aidées à saper l'œuvre glorieuse du vieux géant.

II

LA retraite de Bismarck eut lieu au moment précis de l'échéance fixée pour le renouvellement
du traité de réassurance entre la Russie et
l'Allemagne. La position du chancelier paraissait déjà
ébranlée, lorsque l'ambassadeur de Russie à Berlin,
le comte Chouwalow, se rendit auprès de lui le 20 février 1890 pour prendre son avis au sujet de la prolongation des stipulations de 1887. Bismarck se prononça catégoriquement pour le maintien de l'accord ;
bien plus, il aurait voulu que celui-ci ne fût plus d'une
durée limitée. Le jeune empereur Guillaume II, en
dépit d'une certaine antipathie personnelle contre le
tsar Alexandre, était à ce moment partisan du renouvellement du traité, de sorte que le Comte Chouwalow
put retourner à Saint-Pétersbourg, demander l'autorisation de prolonger l'accord secret pour une durée
de six ans. A son retour, Bismarck n'était plus en fonctions. Aussitôt il y eut du côté russe une interruption
des négociations, mais le 21 mars, l'empereur d'Allemagne fit appeler l'ambassadeur et l'assura qu'il était
fermement décidé à ne pas modifier l'attitude qu'il
avait observée jusque-là vis-à-vis de la Russie. La
prolongation du traité semblait donc assurée, d'autant plus que M. de Giers, alors ministre russe des
Affaires Etrangères, se déclarait partisan de cette
prolongation.

C'est alors que se produisit tout à coup à Berlin une
volte-face décisive. Les hommes nouveaux qui avaient

pris la place de Bismarck préconisaient un « nouveau cours » de la politique allemande. Et la première chose qu'exigeait ce « nouveau cours », c'était qu'on s'abstînt de renouveler le traité de réassurance avec la Russie. On mit en avant les raisons les plus diverses pour motiver cette résolution. Elles se trouvent probablement résumées de la façon la plus complète dans un mémorandum daté du 25 mars 1890 [1], rédigé par le Comte Berchem, sous-secrétaire d'Etat aux Affaires Etrangères. En voici les points principaux : le traité pourrait entraîner l'Allemagne dans une guerre ; il donnait le change à l'Autriche-Hongrie et fournissait à la Russie la possibilité de troubler les rapports de l'Allemagne avec la Monarchie danubienne, avec l'Italie, l'Angleterre et la Turquie. En outre, il n'offrait aucune garantie contre une attaque de la France et plaçait entre les mains de la Russie, la décision du moment de la future guerre européenne. En plus de ces inconvénients, il avait le défaut d'être pratiquement inexécutable, car une action de la Russie contre la Bulgarie déterminerait une contre-action de l'Autriche-Hongrie et mènerait l'Allemagne sur le champ de bataille.

Le 27 mars 1890, l'Empereur ordonna, à la suite d'un rapport du nouveau chancelier, général de Caprivi, que le général de Schweinitz, ambassadeur d'Allemagne à Saint-Pétersbourg, exposerait à qui de droit « que de ce côté-ci (à Berlin) existait la ferme volonté d'entretenir, après comme avant, les meilleures relations avec la Russie, mais que le changement de personnes qui venait d'avoir lieu en Allemagne, nous faisait paraître opportun de nous tenir tranquilles pour le moment et de ne pas nous engager dans des négo-

---

1. *Grande Politique*, vol. VII, p. 4 et suiv.

ciations à longue portée, et que, pour cette raison, nous jugions plus prudent de nous abstenir de renouveler le traité » [1].

C'était là une décision des plus graves. Elle abandonnait et démolissait une importante partie du rempart de garanties que, peu à peu et avec des peines infinies, Bismarck avait édifié autour de l'Empire allemand. Dorénavant l'entente avec la formidable grande puissance de notre frontière orientale cesserait d'exister.

Il est certain que les explications exposées ci-dessus ne révélaient pas tous les motifs qui déterminaient l'attitude des hommes nouveaux de la Wilhelmstrasse. Il s'y manifestait surtout la crainte que le traité de réassurance, en obligeant l'Allemagne à prendre le parti de la Russie, ne l'entraînât de ce fait à la guerre et ne fût en outre exploité par l'Empire des tsars pour troubler les rapports de Berlin avec d'autres puissances, Il existait d'autres motifs, plus puissants peut-être, et personnels, qui jettent une vive lumière sur le caractère des personnalités devenues les plus influentes.

Le successeur de Bismarck au poste de chancelier impérial, le général de Caprivi, soldat intègre et capable, mais dépourvu de toute expérience en matière politique, avouait franchement que son but était de simplifier l'art difficile de son génial prédécesseur et de le mettre en accord avec ses propres facultés, infiniment moindres. « Un homme tel que vous, disait-il à Bismarck lui-même, peut jongler simultanément avec cinq boules là où d'autres gens feront bien de se borner à une ou deux » [2].

C'est en termes analogues que s'exprime le Comte

---

1. *Grande Politique*, vol. VII, p. 11.
2. J. von ECKHARDT : *Bismarcks Kampf gegen Caprivi* (La Lutte de Bismarck contre Caprivi).

Berchem dans le mémorandum mentionné plus haut : « Une politique aussi compliquée, dit-il, que celle du traité de réassurance à côté de la triple alliance, et dont la réussite a d'ailleurs été en tout temps douteuse, est une politique que nous ne saurions continuer après la retraite d'un homme d'Etat qui pouvait s'appuyer sur trente années de succès et sur l'influence véritablement magnétique qu'il exerçait sur l'étranger »[1]. Ces paroles étaient un naïf aveu d'insuffisance sympathique au point de vue humain, mais qui, en face des formidables difficultés que la situation de l'Allemagne créait à tout homme d'Etat, prend un aspect tragique en ce qu'il montre que l'on n'avait point reconnu l'ampleur de ces difficultés, puisqu'on espérait en venir à bout par des moyens plus aisés et plus simples que ceux employés jusque-là.

Le véritable successeur de Bismarck à la direction de la politique étrangère de l'Allemagne ne fut point en réalité M. de Caprivi, mais un fonctionnaire du département des Affaires Etrangères, le conseiller Fritz von Holstein. Ce diplomate était arrivé à une haute position sous le premier chancelier et il avait été en contact intime avec lui pendant une assez longue période, jusqu'au moment où leurs rapports se gâtèrent. Peu à peu une haine contre le supérieur autoritaire, violente mais dissimulée, remplit le cœur du subordonné. M. von Holstein, dont les intrigues secrètes avaient contribué d'une façon décisive à la chute de Bismarck, devint le principal instigateur de la campagne contre le renouvellement du traité de réassurance. Ce qui le stimula beaucoup fut certainement le désir d'empêcher le retour au pouvoir du prince de Bismarck. Il s'agissait pour M. von Holstein de

---

1. *Grande Politique,* vol. VIII, p. 8.

faire adopter résolument son « nouveau cours » et de couper « le fil russe », si soigneusement entretenu jusque-là. Voilà pourquoi la section politique des Affaires Etrangères, dont M. von Holstein était le chef intellectuel, rédigeait rapports sur rapports où elle préconisait l'abandon des anciennes directions.

L'effet de la nouvelle attitude allemande sur la Russie fut dès l'abord absolument désastreux. Bien qu'à Saint-Pétersbourg, au moment même du départ de Bismarck, et avant que fût connue la décision de Berlin, on eût parfois fait le fier, dans la persuasion que l'Allemagne désirait une prolongation de l'accord, on n'en fut pas moins « un peu consterné » [1] lorsque l'ambassadeur allemand, M. de Schweinitz, s'acquitta de sa mission mentionnée ci-dessus. Le ministre russe des Affaires Etrangères, M. de Giers, partisan convaincu de la politique germanophile et qui, après une lutte chaude contre des adversaires influents, désireux d'un rapprochement avec la France, avait décidé l'empereur Alexandre III à conclure l'accord secret avec l'Allemagne, renouvela à maintes reprises, dans les semaines qui suivirent, ses tentatives pour arriver malgré tout à la conclusion d'une convention. Il fit remarquer que dorénavant sa patrie serait isolée et qu'elle serait peut-être obligée de chercher ailleurs un appui. Plusieurs fois, il émit des propositions et des offres qui représentaient d'importantes concessions, mais toujours il se heurta contre l'inébranlable « non » de Berlin. C'est en vain que M. de Schweinitz également signala le danger de « repousser la main » [2] que les Russes offraient. Toutes les propositions furent déclinées, poliment et amicalement, mais définitivement [3].

---

1. *Grande Politique*, vol. VII, p. 12.
2. *Grande Politique*, vol. VII, p. 20.
3. *Grande Politique*, vol. VII, p. 36.

Les conséquences du premier acte décisif des hommes nouveaux ne se manifestèrent que trop vite. Presque aussitôt s'agitèrent ces forces ténébreuses, hostiles à l'Empire allemand, que Bismarck avait voulu paralyser par les sages concessions à la Russie. Dès le 24 août 1890, l'ambassadeur de France à Saint-Pétersbourg put rapporter que le rapprochement entre la France et la Russie était en bonne voie de réalisation. [1]

A Paris, on vit enfin approcher le moment où la République pourrait espérer sortir de l'isolement dans lequel Bismarck l'avait tenue pendant vingt ans et où elle allait trouver un puissant allié sur le continent. On se mit aussitôt à faire une cour empressée à la grande puissance slave dont on voulait gagner l'amitié. Sur les bords de la Néva les attentions de la France furent accueillies, il est vrai, avec réserve, mais néanmoins d'une façon favorable. Le 28 juillet 1891, une escadre française, sous les ordres de l'amiral Gervais, fit à Cronstadt une visite qui donna lieu à de grandes fêtes. Le jour suivant, M. Ribot, ministre français des Affaires Etrangères, proposait une alliance entre les deux pays. Le 21 août de la même année, on conclut effectivement une « entente cordiale » en vertu de laquelle la France et la Russie devaient se concerter à l'avenir sur les questions politiques importantes et sur les mesures à prendre par chacune dans le cas où la paix serait en péril [2].

C'était le premier pas vers la fondation de cette Triple Entente qui allait devenir un facteur décisif de la politique européenne. Dès lors la France n'eut de cesse qu'elle n'eût obtenu toute la main dont elle

---

1. *L'alliance franco-russe*, n° 1.
2 *L'alliance franco-russe*, n° 17.

ne tenait encore que le petit doigt. Elle insista opiniâtrement pour conclure une convention militaire, à laquelle M. de Giers, le ministre russe des Affaires Etrangères, s'opposa assez longtemps. Au printemps 1892 fut élaboré à Paris, par M. Ribot, ministre des Affaires Etrangères et par M. de Freycinet, ministre de la guerre, un projet de convention qui trahissait nettement le but poursuivi. Le projet disait qu'en cas de conflit avec la Triple Alliance, la Russie et la France devaient jeter toutes leurs forces militaires contre l'Allemagne pour battre d'abord ce pays. A Saint-Pétersbourg, on ne voulut pas entrer dans cette combinaison, mais on accepta un nouveau projet, ayant le caractère d'une alliance défensive et qui fut signé le 17 août 1892 par les deux chefs d'Etat-major, les généraux Obroutcheff et Boisdeffre.

Les dispositions les plus importantes de ce traité secret étaient les suivantes : la Russie attaquera l'Allemagne avec toutes ses forces disponibles, dans le cas où l'Allemagne, ou l'Italie avec l'appui de l'Allemagne, attaqueraient la France, et la France agira de même si l'Allemagne, ou l'Autriche avec l'appui de l'Allemagne, attaquaient la Russie. Dans le cas où la Triple Alliance ou l'une des puissances dont elle se compose commenceraient à mobiliser, la France et la Russie mobiliseront immédiatement, sans entente préalable, la totalité de leurs forces militaires qui procéderont avec la plus grande rapidité et de telle façon que l'Allemagne ait à faire front en même temps à l'Est et à l'Ouest. Les chefs d'Etat-major des armées de terre française et russe resteront en contact en temps de paix. Aucun des pays alliés ne conclura une paix séparée [1].

---

1. *L'alliance franco-russe*. n° 71

Ce fut vers le jour de l'an 1894 que cette Convention militaire fut ratifiée par les gouvernements de Paris et de Saint-Pétersbourg.

Ainsi s'accomplit secrètement une modification fondamentale de la situation politique de l'Europe La France avait réussi à sortir de l'isolement auquel elle était condamnée depuis 1871, et la Russie qui, ainsi que nous l'avons vu, avait failli également rester isolée à la suite du non renouvellement du traité de réassurance, se rattachait à la grande Puissance occidentale. Dès lors, notre continent se trouvait partagé en deux groupes le groupe franco-russe, d'un côté et de l'autre le groupe des puissances centrales, Allemagne, Autriche-Hongrie et Italie, ainsi que la Roumanie. En lieu et place de la prépondérance allemande intervenait ce qu'on pouvait appeler avec une certaine raison l'équilibre des alliances. Ainsi naissait pour l'Allemagne le danger, si vivement redouté par Bismark, de la guerre sur deux fronts. Car il ne faut pas oublier que dès le début les deux groupements étaient d'une essence toute différente.

Le pays dirigeant dans le camp des puissances centrales, l'Allemagne, avait tout intérêt à maintenir la paix, simplement parce qu'il n'avait pas de visées au delà de ses frontières en Europe. Le statu quo correspondait à ses besoins en lui garantissant son importance politique et sa puissance économique. Dans aucun des volumineux dossiers d'avant guerre, on ne découvrira un passage d'où l'on puisse déduire, même indirectement, qu'on nourrissait à Berlin de secrets projets de conquête envers qui que ce soit. Sous ce rapport, le « nouveau cours » suivait consciencieusement la voie tracée par Bismarck.

Toutes les fois que l'Autriche-Hongrie exprimait des désirs où perçait sa tendance à s'immiscer dans

les questions du Proche-Orient, la Wilhelmstrasse
ne cachait point qu'elle entendait rester étrangère à
de telles aventures. Quand il s'agit en 1896, de prolonger la Triple Alliance pour une durée de cinq ans,
Vienne proposa des modifications au texte du traité
qui visaient à gagner l'Allemagne à la « réalisation de
buts positifs dans les Balkans ». [1] Les dirigeants de
la Monarchie danubienne, qui redoutaient une expansion dangereuse de l'influence russe, dans les pays balkaniques et, en cas de dissolution de la Turquie, la
conquête de Constantinople par la Russie, voulaient
s'assurer la possibilité d'agir de leur côté au moment
propice. L'attitude de l'Allemagne est caractérisée
alors par les paroles très nettes du chancelier, prince
de Hohenlohe, dans une note du 2 mars 1896 où il est
dit : « Nous restons fidèles à la Triple Alliance, mais
nous ne voulons pas la laisser exploiter par l'Autriche
pour de vagues desseins en Orient. L'Autriche, si elle
ne veut pas périr, devra se contenter du caractère
défensif de la Triple Alliance. [2] » En conséquence on
s'en tint finalement à l'ancien texte du traité quant
aux relations avec la monarchie des Habsbourg.

Ce ne fut qu'à l'Italie, le membre le plus remuant
et en même temps le moins sûr de la Triple Alliance,
que l'Allemagne dut, dès 1891, faire certaines concessions. Sur le désir exprès de Rome elle fut contrainte d'insérer dans le traité de la Triple Alliance,
deux dispositions nouvelles qui tenaient un compte
plus large que précédemment des intérêts de l'Italie
dans la Méditerranée. Il s'agissait premièrement du
maintien du statu quo en ce qui concernait le littoral
et les îles des mers Adriatique et Egée, deuxième-
ment de la péninsule Cyrénaïque, de la Tripolitaine

---

1. *Grande Politique*, vol. XI, p. 123.
2. *Grande Politique*, vol. XI, p. 119.

et de la Tunisie. Quant à ces derniers territoires l'Allemagne, au cas où il y aurait impossibilité de maintenir
le *statu quo*, s'engageait à soutenir une occupation
par l'Italie.

Ces concessions furent accordées, bien qu'à contre
cœur, dans la crainte de perdre l'allié du Sud : elles ne
changèrent rien au ferme désir qu'avait l'Allemagne
de travailler au maintien de la paix sur le continent.
Ce trait fondamental de la politique de Berlin ne manqua jamais de se manifester dès que n'importe où à
l'horizon européen se montrait la possibilité d'un conflit. Lorsque au début de l'année 1897 se produisit un
différend entre la Turquie et la Grèce au sujet d'un
soulèvement en Crète, on hésita longtemps à Berlin
à participer à une démonstration collective des flottes
des grandes puissances devant l'île rebelle, parce
qu'on voulait rester fidèle sans restriction au principe
de la non-intervention dans les questions d'Orient.
Ensuite, tout en prenant part à la démonstration, on
mit toute son énergie à empêcher la guerre. Le commandant du navire allemand reçut l'ordre strict de
prévenir et d'empêcher tout acte agressif de la part
de la flotte grecque. Cependant l'accord des puissances fut troublé par l'attitude incertaine de l'Angleterre qui favorisait en secret les Grecs, de sorte
qu'ils purent sans obstacle débarquer en Crète. A ce
moment l'empereur Guillaume intervint personnellement et recommanda le blocus des ports grecs comme
moyen de prévenir un conflit armé entre la Grèce et
la Turquie. Ce fut encore l'Angleterre qui, par ses tergiversations, fit échouer en grande partie ce plan.
Quand ensuite on demanda aux différents Etats des
troupes pour occuper la Crète, l'Allemagne refusa
pour sa part, afin d'éviter de s'engager davantage dans
cette affaire.

Ces événements révèlent d'une façon évidente le trait fondamental de la politique allemande, son attachement inquiet à la paix. L'Allemagne, ayant tout intérêt à conserver la paix, veillait sur elle avec une extrême précaution et tâchait de détourner les alliés de toute entreprise qui eût pu la compromettre.

Or, qu'en était-il dans le camp adverse, dans ce groupe franco-russe qui venait de se constituer ? Il ne saurait exister aucun doute que là se manifestèrent dès le début certaines tendances qui visaient à des changements politiques en Europe. L'immense empire russe désirait depuis longtemps une libre issue vers la Méditerranée et, par conséquent, convoitait Constantinople, la capitale de la Turquie, ainsi que les détroits qui relient la mer Noire à la Méditerranée. Les partisans d'une amitié intime avec la France allaient encore plus loin : ils en espéraient une extension de l'influence russe dans les Balkans. Depuis le congrès de Berlin en 1878 où Bismarck avait servi de médiateur pour rétablir la paix entre la Russie et la Turquie, les protagonistes du mouvement panslaviste, qui réclamait pour la Russie l'hégémonie sur les peuples slaves du Sud-Est de l'Europe, menaient sans relâche une campagne d'excitation dans la presse de leur pays contre l'Allemagne. Leur grand grief était que le chancelier allemand avait pris une attitude hostile envers la Russie, accusation qui n'était nullement conforme aux faits. En tous cas, il est clair qu'en Russie existaient des courants d'opinion peu favorables au maintien du statu quo.

Et en France... ? Nous savons déjà que depuis 1871 la France ne pouvait oublier la perte de son hégémonie en Europe. Nous savons que la récupération de l'Alsace-Lorraine était le désir ardent de tous les patriotes. On n'en parlait jamais, on y pensait tou

jours. En avril 1891, donc à l'époque du rapprochement franco-russe, voici comment, d'après un rapport
de l'attaché militaire allemand à Paris, le général de
Gallifet caractérisa la situation telle qu'elle se présentait entre la France et l'Allemagne : « Personne ni
dans l'un ni dans l'autre pays ne désire la guerre, et
pourtant tous les gens sensés sont d'avis qu'elle est
inévitable à cause de l'Alsace-Lorraine. A moins d'incidents extraordinaires et inattendus, la France ne
commencera certainement pas la guerre. Mais s'il
arrivait que la Russie déclarât la guerre à l'Allemagne,
aucun gouvernement ne serait capable de retenir la
France [1]. » Il ressort de nombreux documents de cette
époque que ce point de vue correspondait non seulement à l'opinion des militaires, mais aussi à la façon
de penser des milieux politiques les plus influents.

En 1891, Paris tenta d'exercer une très forte pression sur Rome pour empêcher le renouvellement de
la Triple Alliance. D'après M. Rudini, ministre italien
des Affaires Etrangères, on lui demanda du côté français si, la France venant, en cas d'une guerre, à recon-
quérir l'Alsace-Lorraine, l'Italie serait tenue de prêter
assistance à l'Allemagne [2]. En 1894, l'ambassadeur
d'Italie à Paris, M. Ressmann s'exprima en ces termes : « L'idée du rétablissement de la suprématie
française en Europe vit encore dans tous les cœurs
français... Les Français veulent d'abord attendre
l'expiration de la Triple Alliance, en 1896, dans l'espoir que celle-ci ne sera point renouvelée. En second
lieu, le souvenir de 1870-71 n'est pas encore entièrement effacé. La prochaine fois, la France voudrait
marcher avec un sentiment de sécurité militaire abso-

---

1. *La Grande Politique,* vol. VII, p. 202.
2. *Grande Politique,* vol. VII, p. 72.

lue [1]. » Plus explicites encore sont les paroles que M. Bourgeois, président du Conseil des Ministres, adressa en 1896 au directeur général Bodio qui avait été envoyé à Paris par M. Crispi, président du conseil des Ministres d'Italie. M. Bourgeois déclara « qu'aucun gouvernement français ne saurait se montrer complaisant pour l'Italie, ni se rapprocher d'elle tant qu'elle resterait dans la Triplice. L'opinion publique française et la politique française... étaient dominées au fond, quoi qu'il se passât à la surface, exclusivement par l'idée du rattachement de l'Alsace-Lorraine. La question de l'Alsace-Lorraine jusqu'à ce qu'on l'eût résolue, reléguerait toujours à l'arrière-plan, en France, tous les autres points de vue. Tant que l'Italie par son alliance avec l'Allemagne, soutiendrait les prétentions allemandes sur l'Alsace-Lorraine, la France non seulement ne pourrait lui faire de concessions sur aucun point, mais elle devait tâcher de lui rendre la vie aussi dure que possible. [2] » On ne saurait exprimer plus clairement le « Leitmotiv » intime de l'attitude qu'on observait à Paris. Or, le rattachement de l'Alsace-Lorraine ne pouvait se réaliser que par un changement de la situation établie. En France, existaient donc, comme en Russie, des tendances consciemment hostiles à la paix. Tout ce qu'on voulait, c'était se préparer la revanche avec circonspection et en prenant des précautions de tous les côtés, pour marcher la prochaine fois « avec toute certitude ». C'était la raison pour laquelle on conclut d'abord, la convention militaire avec la Russie.

Le deuxième point du programme français consistait, ainsi que le démontrent déjà les paroles de

---

1. *Grande Politique*, vol. VII, p. 137.
2. *Grande Politique*, vol. XI, p. 288.

M. Bourgeois, à détacher l'Italie de la Triplice. A partir de 1891, les hommes d'Etat italiens se plaignaient de plus en plus des chicanes auxquelles leur pays était en butte de la part de la France. Voici ce que dit en 1893 l'ambassadeur Ressmann, dont il a déjà été question plus haut : « Les rapports entre l'Italie et la France prennent de plus en plus mauvaise tournure. Depuis des années, les Français se sont efforcés de détourner l'Italie de la Triplice en nuisant aux intérêts italiens dans le domaine commercial et financier[1]. » En 1895 M. de Bülow, ambassadeur d'Allemagne à Rome, écrivait dans un rapport : « Le baron Blanc, ministre italien des Affaires Etrangères, est revenu à plusieurs reprises, dans les conversations qu'il a eues avec moi ces derniers temps, sur ce fait que la politique française à l'égard de l'Italie ne vise qu'un seul but et ne s'inspire que d'un seul point de vue : détacher l'Italie de la Triplice ou plutôt de l'Allemagne. Que les Français cherchent à atteindre leur but par les mauvais traitements dont ils usent envers l'Italie, par des tentatives d'intimidation, par des actes hostiles, en un mot non par la séduction, mais par la brutalité, c'est là une faute de tactique parce que l'Italien ressemble au voyageur de la Fontaine à qui le soleil câlin réussit à faire retirer le manteau que le vent glacé n'avait pu enlever. [2] »

Ainsi la politique française, une fois délivrée de la pression qu'exerçait sur elle la main habile de Bismarck, travailla inlassablement non seulement à augmenter la puissance de son propre parti, mais en même temps à amoindrir autant que possible l'importance et l'étendue du groupe adverse. A Paris on

---

1. *Grande Politique*, vol. VII, p. 129.
2. *Grande Politique*, vol. VII, p. 147.

ne se tenait pas d'impatience d'aller de l'avant et on
ne reculait pas devant les moyens les plus énergiques
pour battre en brèche le système des alliances con-
clues pour garantir la durée de l'Empire allemand et
qui s'étaient si longtemps opposées comme une barrière de fer aux ambitions de la France.

A Berlin, on fit bien d'abord une tentative pour élargir et pour compléter dans une autre direction ce qui
restait en Europe centrale du système d'alliances après
le non renouvellement du traité de réassurance avec
la Russie, on s'efforça d'arriver à un rapprochement
plus intime avec la Grande-Bretagne. Le début fut
assez encourageant. Le 1er juillet 1890 fut conclu
entre l'Allemagne et l'Angleterre un traité par lequel
l'Allemagne obtint l'île de Héligoland, tandis que
l'île de Zanzibar était attribuée à l'Angleterre. En
outre, on convint d'une délimitation des colonies des
deux pays en Afrique. Peu après, cependant il apparut clairement que l'Angleterre n'accordait qu'une
fort modeste importance à l'appui qu'elle pourrait
trouver auprès du bloc des puissances centrales. En
effet, lorsqu'en 1891 l'Italie tenta de transformer en
un traité d'alliance précis les arrangements qui, du
temps de Bismarck, en 1887, avaient été pris avec la
Grande-Bretagne en échange de conventions relatives
à la Méditerranée, le premier ministre anglais, Lord
Salisbury, déclara dans un entretien avec l'ambassadeur allemand, le comte Hatzfeldt — voir la dépêche
de l'ambassadeur du 23 mai 1891 — qu'il ne pouvait
prendre en considération la proposition italienne « en
égard à la situation parlementaire et aux craintes de
ses collègues »[1] On se servit constamment du même
argument, dans les négociations qui suivirent. Même

---

1. *Grande Politique*, vol. VII, p. 48.

lorsque le ministère conservateur de Salisbury fut relayé pour peu de temps par le ministère libéral de Lord Rosebery, le nouveau secrétaire d'Etat des Affaires Etrangères ne put se montrer sensiblement plus accueillant que son prédécesseur. Tout ce qu'on put obtenir de lui, en automne 1892, fut un consentement écrit, dans lequel il exprimait comme son avis purement personnel que « dans le cas où la France attaquerait sans motif l'Italie, les intérêts de l'Angleterre en tant que puissance méditerranéenne et indienne, amèneraient naturellement à appuyer l'Italie. [1] » Cette assurance bien vague fut tout ce que Rome put obtenir à ce moment.

Par la suite se produisirent entre Londres et Berlin de fâcheuses dissensions au sujet de différentes questions coloniales, avant tout en Afrique. Il apparut assez clairement que l'Empire britannique, maître du monde, voyait d'un mauvais œil une nouvelle extension de l'influence allemande dans les régions d'outre-mer. Cette déception accrut la mauvaise humeur qu'on commençait à ressentir à Berlin. Le point de vue de l'une des parties ne pouvait se concilier avec celui de l'autre. La Wilhelmstrasse aspirait à « des relations stables » entre la Triple Alliance et l'Angleterre, tandis que les hommes d'Etat britanniques laissaient percer à toute occasion une tendance à s'adjoindre les puissances centrales comme avant-postes chargés de défendre les intérêts anglais sur le continent. Dans ces conditions, la situation de l'Allemagne était de beaucoup la plus défavorable du fait que l'Alliance franco-russe avait partagé le continent européen en deux camps, ce qui permettait à la Grande-Bretagne de se tenir tranquillement à l'écart et d'exploiter à son gré

---

1. *Grande Politique*, vol. VII, p. 89.

l'antagonisme des deux groupes. Lord Salisbury particulièrement, revenu au pouvoir dès 1895, se laissa guider par les deux points de vue mentionnés ci-dessus et tendit sciemment au « splendide isolement » de son pays. A côté des groupes continentaux et indépendamment d'eux, il y eut donc un troisième organisme en politique, l'Angleterre.

L'Allemagne chercha toutes les façons de lutter contre ce nouvel état de choses qui constituait pour elle un nouvel affaiblissement de sa situation politique. Elle s'efforça d'abord de ranimer les relations avec la Russie. Au début de 1894, on mit fin, par la conclusion d'un traité de commerce avec la Russie, à la guerre douanière entre les deux pays qui avait duré plusieurs années. Le successeur de Caprivi, le prince Clovis de Hohenlohe-Schillingsfürst, qui avait été nommé en automne de la même année chancelier de l'Empire, connaissait la Russie et était même apparenté à la dynastie russe. Après la mort d'Alexandre III, le 1er novembre 1894, l'empereur d'Allemagne entama une correspondance personnelle suivie et fréquente avec Nicolas II, fils d'Alexandre III, dans l'espoir d'acquérir une plus grande influence à Saint-Pétersbourg [1].

Au début de 1895 se produisit un événement très important : la guerre sino-japonaise se terminait par une brillante victoire du Japon, pays fortement développé au point de vue militaire et qui chercha alors à s'établir sur le continent asiatique en exigeant de la Chine, outre l'île de Formose et les îles des Pêcheurs, la cession de Port-Arthur et d'une partie de la Mandchourie. Les dirigeants de la politique allemande, qui

---

1. Comp. Erich Brandenburg, *Von Bismarck zum Weltkriege.* (De Bismarck à la guerre mondiale), p. 41 et W. Goetz, *Briefe Wilhelms II an den Zaren* (Lettres de Guillaume II au Tsar).

crurent voir poindre le « danger d'une union de la race jaune », proposèrent un échange de vues entre les cabinets des grandes puissances. La Russie de son côté proposa d'adresser à Tokio une protestation collective contre les visées exagérées du Japon. C'est que l'Empire des tsars avait un intérêt de premier ordre à ne pas voir surgir un nouveau rival en Extrême Orient, région où il comptait étendre de plus en plus sa puissance et où, de ce fait, il se trouvait en antagonisme avec l'Angleterre. La Grande-Bretagne, qui voulait éviter de blesser le Japon victorieux dont elle espérait faire plus tard son allié, refusa de s'associer à la démarche proposée. Quant à la France, l'alliée de la Russie, elle consentit, de même que l'Allemagne. Entre temps avait été signée, le 17 avril, entre la Chine et le Japon, la paix de Shimonoséki. Le Japon avait réduit ses exigences quant à la partie du continent asiatique qui devait lui être cédée, tout en réclamant encore de vastes territoires. Le 23 avril les représentants de la Russie, de la France et de l'Allemagne avertirent le Japon, au nom de leurs gouvernements, d'avoir à renoncer à s'établir sur la côte asiatique. L'envoyé allemand, dépassant les instructions reçues de Berlin, prit un ton fort tranchant et fit naître à Tokio, où déjà l'on se sentait frustré d'une partie des fruits de la victoire par la protestation des trois puissances européennes, un amer sentiment d'humiliation. Le Japon dut céder et renoncer aux possessions asiatiques qu'il venait d'acquérir.

Les considérations qui engagèrent l'Allemagne à appuyer énergiquement les desiderata russes en Extrême-Orient tendaient avant tout à rendre moins difficile sa propre situation en Europe. Si l'on réussissait à « clouer la Russie à l'Extrême-Orient », c'est-à-dire à favoriser le besoin d'expansion qui poussait la grande puissance slave vers l'Extrême-Orient, alors disparaîtrait la pression dangereuse qu'elle exerçait du côté européen, dans ce qu'on appelle le Proche-Orient. Alors on pourrait espérer que l'Empire russe abandonnerait ses plans dans les Balkans et contre Constantinople, que, par conséquent, s'évanouirait l'antagonisme entre Vienne et Saint-Pétersbourg et qu'ainsi serait également écarté le péril qui menaçait la frontière orientale de l'Allemagne. Et, de fait, cette combinaison se trouva être juste pendant les dix années qui suivirent. Les relations entre les puissances centrales et la Russie devinrent promptement plus amicales. En septembre 1896, le tsar Nicolas II et l'empereur Guillaume eurent en Silésie une entrevue où l'on convint de maintenir la Turquie dans l'état où elle se trouvait. Ceci signifiait que, provisoirement, la Russie ne visait pas à de nouvelles modifications et consentait, pour le moment, à laisser la communication entre la mer Noire et la Méditerranée entre les mains débiles de l'Empire ottoman, afin que tout au moins aucune autre puissance ne pût s'y établir.

Tous ces événements exercèrent une influence notable sur la situation générale en Europe. La double étreinte que représentait pour l'Allemagne l'alliance franco-russe se trouvait desserrée du côté de l'Est. La France, pour ne pas perdre son amie slave, dut se résigner à approuver la nouvelle politique de la Russie. Comme à la même époque les rapports entre l'Angleterre et la République française se tendirent de plus en plus à cause des aspirations coloniales de cette dernière en Afrique, il se produisit un certain rapprochement entre les puissances continentales, de sorte que bientôt l'isolement de l'Angleterre ne parut plus choisi volontairement, mais imposé par les circonstances. C'était justement à quoi l'on visait à Berlin, à la suite de l'échec des efforts faits pour se rapprocher de l'orgueilleuse Albion. A certains moments, on parla même d'une alliance continentale contre la Grande-Bretagne, avec l'espoir secret, il est vrai, de rendre celle-ci plus traitable et de l'amener malgré tout à une alliance avec l'Allemagne. On pensait que, tôt ou tard, l'Angleterre viendrait d'elle-même demander ce rapprochement.

Le gouvernement anglais vit évidemment avec déplaisir le changement qui se produisait dans la situation générale du continent et il s'efforça d'y remédier. On peut considérer comme une tentative dans ce sens l'idée émise par Salisbury en été 1895 d'un partage de la Turquie. Peu de mois après l'action collective de la Russie, de la France et de l'Allemagne contre le traité de Shimonoséki, Salisbury proposa assez inopinément au Comte de Hatzfeldt, ambassadeur d'Allemagne à Londres, le morcellement de l'Empire « pourri » des Ottomans. Il s'exprima avec prudence et d'une façon assez peu précise, mais désigna l'Albanie et la Tripolitaine comme des parties de la Turquie qu'on pourrait promettre à l'Italie. Il semblait disposé aussi, dans une certaine mesure, à faire des concessions quant aux visées de la Russie sur Constantinople [1]. Ce dernier point a de quoi surprendre, car depuis de longues années la politique anglaise avait pour principe immuable — dont par la suite elle ne s'est plus jamais départie — de ne pas laisser l'Empire des tsars devenir maître des Détroits, ce qui lui aurait permis de troubler les communications britanniques avec les Indes. Il faut donc admettre que cette proposition avait surtout pour but de ranimer en Europe les antagonismes profitables aux intérêts anglais et

---

1. *Grande Politique,* vol. X, p. 10 et suiv

qui menaçaient de s'endormir depuis que la Russie, délaissant le Proche-Orient, s'était tournée vers l'Extrême-Orient. C'est avec raison que le comte de Hatzfeldt en guise de réponse, demanda immédiatement au premier ministre anglais comment il se figurait un partage « à l'amiable » de la Turquie entre les intéressés. De Berlin, on attira avant tout l'attention sur le fait qu'une pénétration de l'Italie en Albanie et en Tripolitaine creuserait un fossé profond entre l'Autriche et l'Italie et, par conséquent, romprait la Triple Alliance [1] On repoussa catégoriquement l'idée d'un partage de la Turquie, parce qu'on ne voulait pas aggraver artificiellement les problèmes du Proche-Orient qui, pour le moment, étaient à l'arrière-plan. Lord Salisbury se ravisa alors et déclara même un peu plus tard qu'il n'avait jamais eu l'intention d'abandonner les Dardanelles aux Russes. [2]

Après avoir repoussé cette attaque déguisée contre une situation générale redevenue plus favorable pour l'Allemagne, sur le continent, la Wilhelmstrasse ne renonça pas à l'espoir que l'Angleterre finirait par être mûre pour une alliance. Mais pour atteindre ce but, on recourut à un procédé fort maladroit. Dans la conviction que les affaires de l'Allemagne s'étaient améliorées et pour assouplir la Grande-Bretagne, on s'avisa de lui prouver sa force par des gestes d'énergie et de crânerie. A la fin de 1895 arriva la nouvelle que l'Anglais Jameson avait envahi le pays des Boërs dans l'Afrique du sud. Le gouvernement allemand, qui depuis longtemps s'efforçait d'entretenir de bonnes relations avec les Boërs et qui maintenant craignait une annexion de leur territoire par l'Angleterre, inter-

---

1. *Grande Politique*, vol. X, p. 15.
2. *Grande Politique*, vol. X, p. 82.

vint aussitôt et résolument pour défendre l'indépendance du Transvaal où, déclarait-il, il avait d'importants intérêts commerciaux à sauvegarder. On donna à entendre à Londres qu'il ne fallait pas attribuer plus d'importance qu'ils ne le méritaient aux antagonismes entre les groupes d'Etats continentaux, vu que ces antagonismes s'étaient « notablement atténués » depuis quelque temps, et l'on ajouta « que l'idée de régler les questions non encore résolues entre ces groupes d'Etats, en passant outre aux intérêts anglais ou éventuellement en les utilisant comme objets de compensation, qu'une telle idée, si elle était formulée sous une forme concrète, trouverait un accueil favorable dans bien des endroits. » C'était avertir clairement la Grande-Bretagne qu'elle aurait tort de ne pas tenir compte de l'Allemagne. Quand la nouvelle arriva que les Boërs avaient battu les francs-tireurs de Jameson, l'empereur Guillaume II, envoya le 3 janvier 1896 au président du Transvaal, M. Krüger, un télégramme rédigé par le département des Affaires Etrangères dans lequel il le félicitait d'avoir réussi à défendre l'indépendance de son pays contre des agressions venues de l'étranger. [1] Ce télégramme souleva une tempête d'indignation en Grande-Bretagne, où l'on considérait les états boërs comme vassaux de l'Angleterre. On déclara que le télégramme était un « acte inamical » et une ingérence inadmissible, et la presse anglaise manifesta une « irritation générale et profonde ». [2] Berlin, il est vrai, essaya de modérer les exigences des Boërs qui allaient jusqu'à réclamer la séparation d'avec l'Angleterre, mais M. Holstein se berçait de l'espoir que la France soutiendrait l'action

---

1. *Grande Politique*, vol. XI, p. 31.
2. *Grande Politique*, vol. XI, p. 40.

de l'Allemagne et proposa même une coopération avec les Russes. Il travaillait donc à la réalisation d'un bloc continental, mais ce fut peine perdue. Les grands journaux parisiens rappelèrent en termes précis le souvenir de l'Alsace-Lorraine et déclarèrent qu'il ne fallait pas contracter d'alliance *contre nature*.

Toute cette affaire contribua certainement à décider Lord Salisbury à réaliser le plan — conçu probablement depuis longtemps — de se séparer complétement de la Triple Alliance. Lorsque, au début de l'année 1896, l'Autriche proposa à Londres de prolonger et d'élargir l'accord conclu en 1887 entre la Monarchie danubienne, l'Italie et l'Angleterre au sujet de la Méditerranée, le premier ministre anglais répondit par un refus. [1] Ainsi le *splendide isolement* de la Grande Bretagne se trouva parfait. On avait renoncé définitivement au contact, devenu du reste de moins en moins étroit, avec la Triple Alliance, et il arrivait ainsi juste le contraire de ce qu'on avait espéré à Berlin. Ce fut en vain que peu après l'empereur Guillaume II, soulignant les dangers qui menaçaient la Grande-Bretagne, notamment de la part de la France, s'adressa de nouveau à Londres pour inviter l'Angleterre à se rallier à la Triple Alliance. [2]

L'attitude prise par la Grande-Bretagne était dangereuse surtout en ce qui concernait l'Italie. Ce pays était en première ligne une puissance méditerranéenne. Il avait à compter avec la rivalité qui existait dans la Méditerranée entre la France et l'Angleterre, et à tâcher de soutenir ses propres aspirations en s'appuyant de l'un ou de l'autre côté. Si l'Angleterre se désintéressait de l'Italie, il était à craindre que les

---

1. *Grande Politique*, vol. XI, p. 105.
2. *Grande Politique*, vol. XI, p. 237.

partisans d'une politique francophile n'eussent le
dessus. Au moment où Lord Salisbury prit et exécuta
la décision de s'éloigner de la Triple Alliance, l'Italie
était engagée dans une guerre coloniale difficile en
Abyssinie. En outre, l'Angleterre et la France semblaient en train de se rapprocher ; les deux pays venaient de conclure un accord relatif au Siam. Peu
après cependant, l'antagonisme anglo-français dans
la Méditerranée prit un caractère particulièrement
aigu. A l'instigation de Sir Chamberlain, secrétaire
d'Etat anglais des colonies, Lord Salisbury saisit
l'occasion de troubles qui avaient éclaté en Egypte,
pour intervenir militairement dans la partie méridio-
nale de ce pays occupé par les Anglais. A la grande
satisfaction de Berlin, il déclara que son action avait
pour but d'appuyer les troupes italiennes en Abyssinie, affirmation qui fut très vivement critiquée à
Paris, où l'on était d'avis que Salisbury voulait uniquement consolider la position de l'Angleterre en
Egypte et éterniser l'occupation de ce pays. La Russie
se rallia au point de vue français, de sorte que le conflit s'accentua. Pourtant il n'y eut aucun changement
de principe dans la politique de Salisbury. Même le
fait que la Russie s'était désintéressée des questions
européennes, fait qui fut confirmé, ainsi que nous
l'avons vu plus haut, par la convention de 1897 avec
l'Autriche au sujet du Proche-Orient, ne sembla pas
faire impression sur le premier ministre britannique.
L'Angleterre persista dans son isolement, et le prince
Hohenlohe, chancelier de l'Empire allemand, résuma
en février 1897, à l'occasion du soulèvement de la
Crète, les expériences que l'Allemagne avait faites
avec Albion en ces paroles amères : « De notre côté,
des engagements, du côté de l'Angleterre, des considérations qui lui laissaient toute liberté d'action, tel

a toujours été précédemment, tel est encore le point mort auquel aboutit ce qui devait nous conduire à une entente. » [1]

Quand on résume les événements des premières sept années qui suivirent la retraite de Bismarck on doit établir que d'une façon générale la situation de l'Empire allemand avait nettement empiré. Sa prépondérance, garantie de sa sécurité sur le contient, avait disparu. Le danger que représentait l'entente franco-russe avait diminué dans les derniers temps par le fait que la grande puissance slave s'était tournée vers l'Asie : il n'en continuait pas moins d'exister : l'alliance perdait momentanément de son importance, mais n'en était pas moins maintenue et constituait en quelque sorte une lettre de change tirée sur l'avenir. On n'avait pu jeter un pont solide sur l'abîme qui séparait l'Europe en deux. En outre l'Allemagne n'avait pas réussi à obtenir, pour compenser le traité de réassurance avec la Russie, une entente avec l'Angleterre. Tout au contraire le Royaume insulaire s'était détaché de la Triple Alliance et restait l'arme au pied en face des deux camps continentaux : il pourrait donc choisir librement le groupe auquel, par son appui, il donnerait la prépondérance. Au fond, l'Allemagne en était réduite à la Triple-Alliance avec l'annexe de la Roumanie, annexe importante surtout pour l'Autriche-Hongrie. Or, même à l'intérieur de ce système d'alliances considérablement amoindri, s'agitaient déjà des courants inquiétants qui pouvaient compromettre l'avenir. En Italie, où dès le début on avait attribué la plus grande importance à une bonne entente avec l'Angleterre, se fit sentir à un moment donné une tendance à réaliser par un rapprochement

---

1. *Grande Politique*, vol. XII, 2, p. 345.

avec la France les desseins qu'on poursuivait dans la Méditerranée. Quant à la Monarchie danubienne, que la Grande-Bretagne laissait seule à tâcher d'empêcher les empiètements de la Russie dans le Proche-Orient, elle pouvait facilement chercher à entraîner l'Allemagne dans la voie de ses propres aspirations. Il est vrai qu'à Berlin on résistait énergiquement à cet enchaînement, mais il n'en était pas moins à craindre que, tôt ou tard, l'Allemagne ne fût obligée de faire de grandes concessions à la puissance qui, selon toute probabilité, serait son unique amie fidèle, à l'Autriche-Hongrie.

Il est hors de doute que les gouvernants de l'Allemagne méconnaissaient les énormes difficultés de leur tâche. Les vives préoccupations qui avaient poussé Bismarck à édifier, infatigablement et d'après un plan raisonné dans tous ses détails, rempart après rempart pour protéger l'Allemagne, ces préoccupations avaient fait place à une politique imprévoyante et décousue qui ne dominait plus les situations mais que les événements déterminaient et modifiaient d'instant en instant. On commença par compter sur un rapprochement avec l'Angleterre et on lâcha la Russie avant d'avoir atteint ce but. Puis, après que la Russie se fut alliée à la France et l'Angleterre restant inabordable, on tenta de renouer les anciennes relations avec Saint-Pétersbourg et l'on alla même jusqu'à rêver d'un rapprochement avec la France. De telles méthodes provenaient de ce que le gouvernement allemand s'exagérait ses propres forces. C'est ce qui ressort avec évidence de cette période.

En effet, les représentants du *nouveau cours*, rompirent aussi avec la tradition bismarckienne en ce qu'ils se hasardèrent à pleines voiles sur la mer incertaine de la politique mondiale. Il est très exact qu'en com-

paraison de toutes les autres grandes puissances et
même en comparaison des puissances de deuxième
ordre, l'Allemagne ne possédait hors d'Europe que
très peu de territoires où elle pût employer la surabon-
dance des forces du pays et satisfaire ses besoins en
matières premières. Cependant une superbe industrie
s'épanouissait à l'intérieur du pays, la population
augmentait et le négociant étendait ses affaires au
loin. L'esprit de progrès et d'expansion, qui, dans
d'autre pays, avait conduit depuis longtemps à acquérir ou à conquérir de vastes colonies, cherchait avec
impatience des occasions de s'exercer. Cet esprit ne
fut pas éveillé artificiellement par les autorités : il
s'éleva, avec l'irrésistiblité d'une force de la Nature,
des profondeurs d'une nation politiquement unie,
prospère, inlassablement travailleuse et énergique.
Puis il gagna aussi tout naturellement les hommes
qui tenaient les rênes de l'Etat. Mais en même temps
il fut cause qu'on s'aveugla sur la réalité. Il fit oublier
que l'Empire allemand n'était toujours aux yeux du
monde qu'un parvenu parmi les Etats impérialistes,
et qu'étant donné sa position perpétuellement menacée au centre du continent il lui fallait, pour prendre
un bon élan, un tremplin absolument solide et aussi
large que possible. Au lieu de cela, confiant dans le
chiffre toujours croissant de sa population et se pré-
valant de la puissance de la Triple Alliance qu'il avait
volontairement affaiblie, le pouvoir tentait à toute
occasion d'obtenir par des bravades quelque avantage dans les territoires d'outre-mer. Il ne se faisait
pas faute de notifier souvent, sous une forme brusque,
des prétentions, au fond, bien modestes. Il ne s'apercevait pas qu'il excitait par là la mauvaise humeur de
ses plus proches voisins, qui veillaient sur leurs biens
avec la jalousie du riche, laquelle est beaucoup plus

redoutable que celle du pauvre. En principe, il était évidemment dans son droit en voulant aussi avoir quelque chose, alors que chacun s'emparait de tout ce qu'il pouvait obtenir. Mais la façon dont il annonçait ses prétentions avait quelque chose de la pétulance inconsidérée de la jeunesse, qui blesse inutilement les adultes. La conduite de Berlin dans l'affaire du Transvaal en est un exemple frappant. Toute sa façon de se comporter donnait l'impression que l'Allemagne, si souvent traitée de parvenu, avait réellement les défauts d'un parvenu et cela facilitait ses rivaux la possibilité de la noircir et de la représenter comme un trouble-fête, ce qu'au fond elle n'était nullement.

Il est très naturel que le caractère de quelques-uns des dirigeants de l'Allemagne ait fortement déteint sur la politique allemande. Au premier plan et incessamment visible se tenait l'empereur Guillaume II, le jeune monarque qui avait relevé Bismarck de ses fonctions. La propagande de nos adversaires s'est efforcée pendant la guerre mondiale de faire de ce souverain un tyran qui nourrissait le projet de soumettre à sa domination l'Europe et même si possible le monde entier. Rien de tout cela ne correspond à la réalité. Guillaume II était tout l'opposé d'un autocrate poursuivant avec une volonté inflexible le but d'agrandir sa puissance. Imbu d'idées romantiques, il était animé de la conviction que c'était Dieu qui l'avait placé sur le trône et c'est cette foi dans la sainteté de sa mission qui l'a induit fréquemment à laisser trop libre cours à son humeur chancelante et à l'impétuosité de ses sentiments. La faculté de juger sainement les choses ne lui faisait nullement défaut. Les annotations tant dénigrées qu'il aimait à mettre en marge des pièces officielles, un peu selon l'exemple de son grand ancêtre Frédéric II, prouvent que le premier moment était chez lui souvent le bon. Ce qui lui manquait, c'était la sévère discipline de la pensée et la clarté logique dans les calculs politiques. Il arrivait donc qu'il se laissât aisément influencer et entraîner par les hommes et les événements qui agissaient sur ses sentiments. Il était bien plutôt faible que fort et maintes fois les grands mots qu'il employait et les gestes pompeux dont il les accompagnait visaient uniquement à masquer son manque d'assurance. Comme il était de ces hommes dont les sentiments sont plus forts que la raison, son entourage ne pouvait jamais deviner d'avance ce qu'il ferait, parce que les explosions de son enthousiasme ou de sa colère étaient impossibles à prévoir et à expliquer comme des aboutissements de réflexions logiques. Dans ses rapports de société, il lui arrivait tout aussi bien de séduire par une amabilité fascinante que de blesser par le sans-façon de ses manières. Il lui arrivait souvent de jouer la comédie et de s'imaginer que c'était la réalité. Ses aspirations, ses espérances et sa violente impulsivité étaient des obstacles qui lui barraient le chemin de la réalité. Il était très certainement animé de la volonté sincère d'agir de son mieux pour le bien de son pays. Il était tout aussi certainement un partisan sincère de la paix. Quand il parlait de son épée, il le faisait précisément parce qu'il redoutait le moment où il faudrait la tirer et dans l'espoir que le rappel de la force militaire de l'Allemagne le dispenserait de recourir à cette force. Il ne réfléchissait pas combien aisément les gens mal disposés pouvaient exploiter ses paroles en leur donnant le sens de manifestations sérieuses d'un inquiétant esprit belliqueux. S'il avait réellement visé à accomplir des exploits militaires ou à faire même la conquête du pays, il n'aurait pas laissé passer sans en profiter toutes les occasions d'une guerre préventive contre la France qui se présentèrent pendant son règne. Il voulait la paix, ne fût-ce que parce que tout grand risque répugnait à sa nature molle et impressionnable. En fin de compte, c'est au peuple allemand, qui, pendant plus de trente ans, à reconnu Guillaume II comme son souverain en dépit de ses singularités et des critiques dont elles furent l'objet, qu'appartient en premier lieu le droit et le devoir de demander jusqu'à quel point l'affaiblissement de la situation de l'Allemagne peut être mise à la charge de l'Empereur. Les faiblesses du caractère de Guillaume II, dont nous venons de donner un bref aperçu, ont eu pour résultat naturel les fautes que ce monarque à commises, mais elles en ont en même temps limité le nombre. Car l'influence que l'Empereur a exercée sur la marche des affaires extérieures a été bien moindre qu'on ne le pense généralement.

Il existait un autre homme qui, depuis quinze ans, c'est-à-dire depuis la retraite de Bismarck était le dirigeant invisible mais réel de la politique étrangère. Cet homme, dont il a déjà été question plus haut, était Fritz von Holstein. Sous bien des rapports, celui qu'au département des Affaires Etrangères on appelait l'Eminence grise, était l'antithèse vivante de l'Empereur. Holstein ne se produisait jamais en public, il menait la vie solitaire d'un original, et particulièrement en avançant en âge, évitait autant que possible le contact avec le monde. Il refusait les honneurs et les distinctions, il se contentait de sa position relativement très modeste de conseiller référendaire. Ce qui le séduisait, c'était le sentiment du pouvoir qu'il exerçait en secret en dirigeant dans le silence de son cabinet les destinées de la nation. C'est dans ce cabinet qu'il rédigeait avec un zèle infatigable ses notes et ses rapports concernant les questions à l'ordre du jour et qu'il décidait de la ligne de conduite que suivaient ses supérieurs.

Il entretenait en outre une vaste correspondance secrète avec les principaux représentants allemands à l'étranger pour les gagner eux aussi à ses idées et à ses projets. Sa soif de domination et l'isolement dans lequel il se complaisait firent naître peu à peu chez lui une misanthropie qui à la longue devint un état pathologique. La conséquence en fut qu'il succomba à la tentation de nouer de sourdes intrigues et d'exercer des vengeances mesquines, de sorte que ses partisans n'avaient guère moins à le craindre que ses adversaires. Il fut certainement un homme d'une intelligence supérieure, mais cette intelligence était repliée sur elle-même, dégagée des agitations de la vie et des passions humaines, et c'est là surtout ce qui pouvait rendre dangereux M. von Holstein. Pour lui, la politique n'était pas comme pour Bismarck l'art du possible, car l'art exige un sentiment délicat et la connaissance du possible suppose une riche expérience acquise dans les vicissitudes de la vie humaine. Pour Holstein, au contraire, la politique était une opération mathématique aussi minutieusement exacte que possible, où il fallait peser tous les détails et les opposer les uns aux autres, c'était un travail à froid et quasi scientifique pour lequel existaient des lois et des axiomes déterminés, auxquels il fallait se tenir dans n'importe quelles circonstances. Le secret de sa supériorité sur les autres diplomates de la Wilhelmstrasse résidait dans sa connaissance exacte des dossiers et des précédents et dans un raisonnement serré qui disséquait une situation donnée et en pesait le pour et le contre pour en tirer des conclusions décisives. Cela le faisait passer forcément à côté des choses, simplement parce qu'il ne possédait pas l'organe apte à saisir les impondérables qui, dans la vie politique, jouent un rôle aussi grand que dans la vie ordinaire. Lui aussi fut certainement un patriote convaincu et un homme infatigablement dévoué à l'immense tâche qu'il s'était en grande partie imposée lui-même, mais il est également clair que cela ne suffisait point pour faire face aux énormes difficultés que comportait la défense des intérêts allemands. Sans attacher trop d'importance au fait que chez Holstein la soif du pouvoir troublait fréquemment l'impartialité du jugement, il convient de dire que son manque d'expérience du monde et sa méthode toute spéculative ont été funestes à la politique étrangère de l'Allemagne.

C'est avec raison qu'on s'est demandé comment on avait pu confier à de telles mains les destinées de la jeune puissance allemande entourée par Bismarck de tout un système protecteur, surtout comment, après les premières fautes, on ne songea pas à prendre les mesures qui s'imposaient. Pour répondre à cette question il ne suffit pas d'alléguer l'incompréhension politique et l'insouciance du peuple allemand, car la grande masse ne voit des événements que leur reflet pâle et tardif sur les journaux : même les initiés, qui savaient ce qui se passait derrière les coulisses, se bornaient à secouer incidemment la tête, sans élever de protestations sérieuses. Et les hommes d'Etat dirigeants se conformaient au système de Holstein.

Il faut chercher l'explication plus loin. On la trouve quand on considère l'ensemble de cette époque. Nous avons déjà mentionné l'épanouissement économique de la période qui nous occupe. Depuis une trentaine d'années, l'Allemagne était entrée dans une période de prospérité grandissante. La bourgeoisie, qui au début du siècle avait une existence modeste et même

chétive, augmentait d'importance et accroissait son
bien-être. L'industrie créait de grandes entreprises
qui occupaient des armées d'ouvriers. Le commerce
trouvait des débouchés presque dans tous les pays du
globe. Or, cette évolution n'embrassait que les choses
extérieures et, quelque peu précipitée, elle manquait
de traditions et de profondeur morale. La nation des
penseurs et des poètes avait oublié ses rêveries d'antan, mais en même temps elle confondait ces vieux
rêves avec le véritable idéal du passé, qui lui aussi ne
devait plus compter pour rien. Elle avait pour ainsi
dire découvert la réalité et se précipitait sur le nouveau domaine en mettant résolument les anciennes
valeurs hors de compte. Le profit, l'avancement, le
progrès et l'influence, tels furent les mots d'ordre
auxquels on obéissait partout et qu'on répétait plus
ou moins ouvertement. Ce qui amena deux résultats :
une attitude irréfléchie, grandiloquente, parfois même
gratuitement provocatrice, à l'endroit des milieux où
l'on cherchait à se faire valoir, et aussi une admiration
sans bornes pour la froide raison calculatrice qui paraissait conduire le plus sûrement au succès. La raison,
voilà la vraie divinité de cette époque. Libre à elle de
s'attaquer aux anciennes et vénérables divinités, de
les mettre en pièces et de les précipiter de leurs trônes,
puisque c'était sous son égide qu'on faisait de si bril-
lants progrès dans la voie de la réalité, et n'était-ce
pas son enfant de prédilection, la technique, qui avait
remplacé les miracles naïfs de la foi des ancêtres par
ces merveilles tangibles qu'étaient les voies ferrées,
les bateaux à vapeur, mille commodités et mille possibilités de gain ? Le signe le plus certain auquel on
reconnaît une époque est le style qu'elle développe
dans l'art. C'est lui qui reflète la vraie nature d'une
génération en révélant la façon dont elle a su incarner

ses idées et ses sentiments. Or l'époque dont il est question ici ne produisit généralement parlant qu'un style plat et dépourvu de goût. En littérature comme en peinture les écoles se succédèrent rapidement, en renchérissant les unes sur les autres dans la glorification de la réalité. Au réalisme qui portait encore en lui un vague reflet de réminiscences classiques succéda le matérialisme qui visait uniquement à représenter fidèlement *la vie telle qu'elle est.* Les sciences naturelles, considérées comme seules dignes de confiance, parce que basées sur des données susceptibles de contrôle, devinrent une sorte de religion. L'architecture, dans la mesure où elle ne se bornait pas à la banalité sombre et nue des usines et des quartiers ouvriers, déploya un faste plat en même temps qu'absurde de fioritures. Là également nous trouvons l'adoration insipide de ce qui est utile et la préoccupation terre-à-terre du bien-être matériel. Les énergies impondérables du cœur et de l'imagination s'étaient étiolées. Tout cet épanouissement, luxuriant et coloré en apparence, était creux à l'intérieur.

Certes l'évolution que nous venons de décrire s'étendait à tous les pays, mais ce fut en Allemagne qu'on s'y abandonna avec le moins de réserve. C'est dans ce pays qu'elle se manifesta d'une façon particulièrement frappante, parce que jusque-là le peuple allemand avait vécu dans une retraite humble et rêveuse et que pour la première fois depuis des siècles il avait entendu l'appel au pouvoir. Ce qui chez les autres nations était une habitude ancienne et naturelle, l'aspiration vers l'expansion, la richesse et la considération mondiale, agit sur ce pays du centre de l'Europe si longtemps arrêté dans son développement par ses divisions intérieures, comme la révélation soudaine de son droit à l'existence et il s'abandonna à l'exercice de ce droit nouvellement découvert avec une ardeur et une imprudence juvéniles. Faute de comprendre le réalisme superbe d'un Bismarck on y substitua, soit le matérialisme, soit un étroit esprit de lucre. La nation tout entière était devenue infidèle aux idées du fondateur de l'Empire, et tous ses membres ont eu leur part de responsabilité dans l'évolution de ses destinées politiques. Telle est la véritable raison pour laquelle les fautes n'ont pas été comprises et qui, lorsqu'on regarde après coup, désigne les hommes qui commirent ces fautes comme des produits naturels de leur milieux. A certains égards l'empereur Guillaume II. lui aussi, avec son goût prononcé pour les gestes pompeux, son sans-façon irréfléchi, son manque de contrôle personnel, fut un véritable enfant de cette époque. Et en quelques points l'Eminence grise qui, assise à son bureau épluchait les affaires de la politique étrangère, rappelle l'ingénieur mécanicien de ce siècle qui établit par ses calculs une nouvelle formule sur des grandeurs données. La subtilité, dépourvue d'imagination et de nerf, d'un Holstein ne pouvait être tolérée que par une génération à laquelle l'élévation des idées et le sens des impondérables étaient devenues étrangères.

Voilà pourquoi un examen critique des personnalités doit, pour être juste, se compléter par l'étude de l'ensemble d'une époque. Ce n'est qu'ainsi que le regard jeté sur le passé prendra un sens profond pour le présent.

III

AINSI que nous avons pu le constater dans notre
précédent chapitre, la situation de l'Allemagne
commença à s'améliorer d'une façon notable
à dater environ de 1895, car ce fut à partir de cette
époque que la Russie, se désintéressant de l'Europe,
tourna ses regards vers l'Asie Orientale.

Cette heureuse circonstance permit bientôt à
l'Allemagne de s'assurer, d'accord avec la Russie,
une part en Chine. Ce fut au printemps de 1895
que naquit l'idée d'acquérir Kiao-Tchéou [1]. On
choisit cet endroit parce qu'il était aussi éloigné que
possible de la zone d'influence anglaise, et qu'ainsi
on évitait de paraître vouloir faire concurrence à la
Grande-Bretagne. Puis, au début de l'année suivante,
on entama avec le gouvernement chinois des négociations qui, cependant n'aboutirent pas. Détail caractéristique : l'ambassadeur à Saint-Pétersbourg
déclara à l'ambassadeur d'Allemagne, prince Radolin,
que si l'on n'employait pas tant soit peu la force, il
n'était guère probable que la question de la cession
de Kiao-Tchéou trouvât une solution [2]. Son collègue
à Berlin conseilla également de procéder avec énergie [3]. Même l'ambassadeur de Russie à Pékin, le Comte
Cassini, dit au prince Radolin, suivant un rapport

1. *Grande Politique,* vol. XIV, pp. 5 et suiv.
2. *Grande Politique,* vol. XIV, p. 24.
3. *Grande Politique,* vol. XIV, p. 26.

de celui-ci : « Une délicatesse qui serait de mise en Europe, quand on demande quelque chose, serait déplacée en Chine et ne serait pas comprise... En Chine, ajouta le comte Cassini, il y a de la place pour tous, pour nous, pour la France et pour l'Allemagne. Il n'aurait jamais cru qu'après les énormes services que, tout autant que les Russes, nous autres Allemands avions rendus aux Chinois, nous nous contenterions de réclamer si peu de chose [1]. » Malgré tous ces encouragements, Berlin procéda avec une grande prudence. Dans le courant de l'été 1897, l'empereur Guillaume II, avant d'aller plus loin, demanda l'assentiment de la Russie et le secrétaire d'Etat par intérim au Département des Affaires Étrangères, Bernard de Bülow, put faire savoir dans son rapport que le Tsar avait donné « l'assurance qu'il accueillerait notre demande avec sympathie [2]. »

En automne 1897, on passa à l'action en prenant pour prétexte l'assassinat de missionnaires catholiques allemands à Shantung [3]. Sur l'ordre de l'Empereur, des navires allemands entrèrent dans le port de Kiao-Tchéou et les négociations qui s'ensuivirent aboutirent à la conclusion avec la Chine d'une convention qui assurait Kiao-Tchéou à l'Allemagne. Une deuxième circonstance permit à l'Allemagne une expansion facile durant ces années : la dissension qui allait grandissant entre les autres puissances sur le terrain colonial. Dans leur ardente volonté d'impérialisme, d'étendre toujours davantage leurs conquêtes hors d'Europe, la Russie et l'Angleterre se heurtaient en Asie et la France et l'Angleterre en Afrique. Devant ce fait, on décida à Berlin de se tenir

---

1. *Grande Politique*, vol. XIV, p. 49.
2. *Grande Politique*, vol. XIV, p. 58.
3. *Grande Politique*, v. XIV, pp. 67 et suiv.

absolument à l'écart des conflits en question et de maintenir ainsi le pays hors de danger et libre de ses actes. Ainsi on visa sciemment à un isolement analogue à celui que l'Angleterre, sous le gouvernement de Salisbury — il est vrai pour d'autres motifs — avait cru le plus favorable à ses intérêts. Un tel isolement fut poursuivi avec une constance particulière quand la politique allemande fut dirigée par Bernard de Bülow, devenu d'abord secrétaire d'Etat, puis chancelier de l'Empire. Déjà, à l'occasion de l'acquisition de Kiao-Tchéou, M. de Bülow envoyait à l'ambassadeur d'Allemagne à Londres, le 8 janvier 1898, des instructions indiquant la voie qu'on allait suivre. Il y était dit que la Russie était sur le point de mettre la main sur trois territoires chinois, que, « vu leur immense étendue, on ne saurait désigner du nom de provinces [1]. » En présence de telles intentions, on devait s'attendre à une vive irritation en Angleterre. Le gouvernement allemand avait réussi à faire aboutir ses prétentions modérées à Kiao-Tchéou « sans s'être engagé solidairement pour la réalisation du programme russe en Asie. »

La suite de ces instructions dit textuellement :

« L'amitié qui lie Sa Majesté l'Empereur au Tsar et qui donne à celui-ci un droit moral à l'appui de l'Allemagne, confère d'autre part à notre auguste souverain le droit de faire entendre et écouter ses conseils dans tous les cas où il pourrait être ultérieurement nécessaire de faire servir la force de l'Allemagne aux Russes. Mais si, par suite de la prépondérance de particularités ou d'impulsions spécifiquement russes, les conseils allemands restaient sans effet, Sa Majesté l'Empereur recouvrerait *ipso facto*

---

1. *Grande Politique*, vol. XIV, p. 143 et suiv.

toute liberté de décider ce qui serait indiqué par les intérêts allemands. »

L'histoire des dix-huit dernières années offre un exemple des conséquences bienfaisantes qu'eurent des relations analogues entre l'Allemagne et l'Autriche depuis 1879. Le traité d'alliance conclu d'abord entre l'Allemagne et l'Autriche n'a compris à aucun moment les affaires balkaniques. L'Autriche n'a pas à compter sur le casus foederis dans le cas où elle ferait une politique agressive dans les Balkans. C'est pourquoi dans le cours de ces années on nous a reproché à plusieurs reprises, soit d'une façon détournée par voie diplomatique, soit ouvertement dans la presse, que le traité de la Triple-Alliance ne fut d'aucune utilité pour l'Autriche, puisqu'il ne s'étendait pas aux Balkans et que l'Autriche n'était vulnérable que du côté des Balkans. Néanmoins, c'est à cet état de choses soi-disant défectueux que l'Europe a dû de longues années de paix, car c'est cette lacune du traité austro-allemand, comblée par l'amitié des deux monarques, qui garda l'empereur François-Joseph et son gouvernement accessibles aux conseils de modération donnés par l'Allemagne. Inversement, on peut dire presque avec certitude que, si le traité austro-allemand avait rendu l'Allemagne solidaire dans tous les cas des intérêts et de la politique de l'Autriche dans les Balkans, aucun ministre autrichien, ni peut-être même le pacifique empereur François-Joseph n'eussent résisté à la tentation d'entraîner l'Allemagne dans la lutte pour les buts autrichiens. Dans ce cas, la lutte pour Byzance serait probablement terminée depuis longtemps et la carte de l'Europe, voire la carte du monde, seraient autres qu'elles ne sont aujourd'hui. Ce qui conserva la paix au monde, ce ne fut pas un traité, mais plutôt l'indépendance et les conseils de l'Allemagne. Espérons qu'à l'instar de ce qui s'est passé sur les bords de l'Hellespont, ces deux facteurs s'affirmeront en Extrême-Orient comme éléments de la paix mondiale. Ce que Bülow voulait faire savoir s'exprimait plus simplement comme il suit : Nous autres Allemands, nous sommes en bons termes avec les Russes, mais nous n'avons rien de commun avec leurs projets d'expansion, qui sont antipathiques à la Grande-Bretagne. Nous nous tenons à l'écart de tels projets, afin de pouvoir donner si possible des conseils de modération. Dans l'intérêt de toutes les forces qui se contrarient, notre force doit résider dans notre complète indépendance.

Le document que nous venons de reproduire développe donc une partie du programme de la politique allemande. En se tenant prudemment à l'écart des rivalités des autres puissances, l'Allemagne devait demeurer en rapports plus ou moins bons avec toutes, et obtenir à l'occasion des avantages pour elle-même. Mais ce qu'on se proposait avant tout par cette politique, c'était le maintien de la paix dans l'Europe Centrale même, car, en restant loin des querelles des voisins, on ne pouvait y être mêlé et l'on évitait tout danger de guerre.

Pendant les années qui suivirent, on se tint strictement à ce programme et l'on résista à toutes les tentations qui, de divers côtés, s'offrirent à Berlin, pour faire sortir l'Allemagne de son isolement.

La première tentative de séduction vint de l'Angleterre. Ce fut au printemps de 1898. Le 29 mars, l'ambassadeur d'Allemagne à Londres, le comte de Hatzfeldt, rapporta une conversation tout à fait confidentielle qu'il avait eue avec le secrétaire d'Etat des colonies, M. Chamberlain. Celui-ci avait déclaré que la situation politique prenait une tournure qui ne permettait plus à l'Angleterre de maintenir sa politique traditionnelle d'isolement. Lé gouvernement anglais, qui se voyait placé devant la nécessité de prendre sous peu de graves décisions, pouvait maintenant compter sur l'assentiment de l'opinion publique s'il renonçait à cette politique et s'il recherchait des alliances qui lui faciliteraient le maintien de la paix qu'il désirait lui aussi. A ce propos, M. Chamberlain souligna les collisions, particulièrement fortes ces jours-là, entre l'Angleterre et la Russie en Chine, ainsi que l'antagonisme entre l'Angleterre et la France en Afrique occidentale. Puis, passant aux relations entre la Grande-Bretagne et l'Allemagne, l'homme d'Etat anglais dit « que les deux pays... avaient les mêmes intérêts politiques ». Dans la suite de la conversation M. Chamberlain proposa directement l'entrée de l'Angleterre dans la Triple-Alliance [1].

Cette conversation est intéressante sous maints rapports. D'abord elle prouvait qu'en Angleterre s'opérait une évolution diamétralement opposée à celle de l'Allemagne. En Angleterre, certains milieux politiques éprouvaient le besoin de renoncer à l'isolement volontaire et de chercher un appui dans l'un des deux groupes continentaux. Cette idée était évidemment née de désirs égoïstes, et il est caractéristique que ce ne fut pas le chef du Foreign Office qui émit la proposition d'une adhésion à la Triple-Alliance, mais le Secrétaire d'Etat aux Colonies, que nous avons déjà vu jouer un rôle assez indépendant lors du conflit franco-anglais à propos de l'Egypte. C'était à lui que les difficultés de l'Angleterre dans les pays d'outre-mer devaient causer

---

1. *Grande Politique*, vol. XIV, p. 197.

le plus de soucis et il cherchait à renforcer la situation politique de la Grande Bretagne vis-à-vis de ses deux rivaux les plus gênants dans les colonies : la Russie et la France. L'Angleterre, une fois couverte par son entrée dans la Triple-Alliance, pourrait, grâce à l'agrandissement de sa puissance qui en résulterait sur le continent européen, exercer une pression très sensible sur ses deux rivales. L'intention secrète de Chamberlain était donc d'utiliser les puissances centrales pour les intérêts britanniques, ce que l'on conçoit aisément si l'on se place au point de vue du ministre anglais des colonies.

Mais comment mettre un tel projet en harmonie avec les principes de la politique de Berlin ? On se souvient que, depuis 1890, la Wilhelmstrasse avait sollicité sur les tons les plus divers une alliance avec l'Angleterre, mais l'idée qu'elle s'en faisait ne cadrait pas avec celle du Secrétaire d'Etat anglais. Absolument fidèle en cela aux principes de Bismarck, la Wilhelmstrasse avait pour but la protection de l'Allemagne contre l'encerclement par la Russie et la France. Or cet encerclement était devenu moins menaçant par suite de l'évolution de la politique générale et ce fut juste le moment que choisit l'Angleterre pour marquer fortement son intention de se servir de l'Allemagne comme d'une pièce importante dans la partie d'échecs qui avait pour enjeu des territoires coloniaux. Comment concilier un tel rôle sur l'échiquier et le principe de l'indépendance absolue ?

M. de Bülow répondit immédiatement, c'est à-dire le 30 mars, à la lettre du comte de Hatzfeldt [1]. Rappelant une pensée de Bismarck, il commençait par souligner dans sa réponse que, par suite du sys-

---

1. *Grande Politique*, vol. XIV, pp. 199 et suiv.

tème qui régnait en Angleterre, c'est-à-dire de l'alternance continuelle du parti conservateur et du parti libéral, une convention avec cette puissance ne lierait que le gouvernement du moment, qu'il faudrait donc, pour qu'une telle convention durât en exiger l'approbation par le Parlement anglais. Bülow proposait ensuite à l'Angleterre de s'entendre avec la Russie au sujet de l'Extrême-Orient : la Grande-Bretagne n'aurait ainsi plus rien à craindre de l'hostilité de la France. Ce dernier conseil était déjà une façon déguisée d'échapper à la suggestion de M. Chamberlain.

Le Secrétaire d'Etat anglais aux Colonies insista. Il déclara, selon un rapport de Hatzfeldt en date du 1er avril, que lui aussi était d'avis qu'il faudrait soumettre la convention au Parlement, et qu'il n'avait pas le moindre doute sur l'accueil empressé qui y serait fait, tant par le Parlement que par l'opinion publique. Cette façon de procéder n'excluait pas l'insertion d'un ou de plusieurs articles secrets dans le traité [1].

Deux jours plus tard M. de Bülow formula ouvertement ses objections à ce projet. Dans une lettre adressée à l'ambassadeur d'Allemagne [2] il attira tout d'abord l'attention sur l'attitude extrêmement germanophobe de la presse anglaise : « A ceux dont les oreilles tintent encore des chansons satiriques contre l'Allemagne et son Empereur se rallieraient probablement, comme adversaires de l'alliance allemande, les partisans systématiques des vieilles théories d'indépendance et d'isolement de Lord Salisbury, et aussi les partisans d'une entente avec la

---

1. *Grande Politique*, vol. XIV, p. 202.
2. *Grande Politique*, vol. XIV, pp. 204 et suiv.

France. Si le Parlement, et l'opinion publique venaient à repousser l'alliance avec l'Allemagne, les conséquences en seraient bien pires pour Berlin que pour Londres. » L'Allemagne, qui présentement n'est ni inquiétée ni menacée par la Russie en Europe ou hors d'Europe, aurait tenté sans nécessité visible de s'allier de la façon la plus solide qu'on pût imaginer à l'ennemi principal de la Russie, bien que cette première tentative ait échoué parce que les représentants du peuple anglais envisageaient la situation plus froidement que les hommes d'État allemands. La tâche de la diplomatie franco-russe serait dorénavant d'engager sans hésitation la lutte contre l'Allemagne avant que la conviction de la nécessité d'une entente germano-anglaise ait eu le temps de faire son chemin en Angleterre, et l'Allemagne serait ainsi le premier objectif de combat de la Double-Alliance, tandis que l'Angleterre, aujourd'hui en première ligne, se trouverait retirée en seconde ligne et laisserait les puissances continentales régler leurs comptes entre elles. A la fin de la lettre, il est dit : « Tant que les choses resteront en l'état où elles sont aujourd'hui, le gouvernement allemand ne saurait donc faire aucune promesse au gouvernement anglais. »

De ces déductions ressort clairement l'opinion de Berlin : en prétendant qu'en Grande-Bretagne même on ne croyait pas à la réalisation de la proposition Chamberlain, on ne cherchait sans doute qu'un prétexte de refus. On ne voulait pas s'engager envers Londres, tout simplement parce qu'on craignait de troubler les relations avec la Russie, qui s'étaient améliorées depuis peu. Cela encore était conforme aux nouvelles directives dont s'inspirait l'attitude de l'Allemagne.

La réponse de Chamberlain fut assez caractéristique. L'homme d'Etat anglais avouait franchement que l'important pour lui, dans son projet d'adhésion à la Triple Alliance, était de mettre un frein aux ambitions de la Russie en Extrême-Orient. Voici, en effet, ce que dit le comte de Hatzfeldt dans un rapport daté du 25 avril 1897 : le Secrétaire d'Etat britannique aux Colonies « estime qu'une déclaration commune, portant que la Russie devra se contenter des avantages obtenus et en tout cas ne pas dépasser un certain point, est le seul moyen de prévenir une guerre entre la Russie et les autres puissances qui ont des intérêts en Chine, parce que la Russie, devant une telle supériorité de forces, comprendra l'impossibilité de persévérer dans ses vastes projets »[1]. C'était là une demande à laquelle l'Allemagne ne pouvait accéder, que si elle consentait à prendre intégralement fait et cause pour les buts anglais. Or c'était précisément l'avance de la grande puissance slave en Extrême-Orient qui, ainsi que nous avons pu l'établir, avait sensiblement dégagé la position de l'Allemagne, et voilà qu'on voulait que, sur le désir de l'Angleterre, l'Allemagne arrêtât la Russie dans sa marche en avant et contribuât à ce que l'Empire des tsars se retournât contre l'Occident européen. Cela fait clairement comprendre ce que représentait l'abandon de son isolement pour l'Angleterre, guidée par un égoïsme presque naïf. Elle cherchait un appui pour ses propres intérêts sans beaucoup s'inquiéter des conditions d'existence de son futur allié, et croyait pouvoir agir ainsi sans inconvénient parce que, tant qu'elle était encore isolée, elle se sentait très forte puisqu'elle restait à

---

1. *Grande Politique*, vol. XIV, p. 254.

même de choisir entre les deux groupes continentaux. C'est ce que Chamberlain ne manqua pas d'indiquer en attirant l'attention d'Hatzfeldt sur le fait que, si l'Angleterre devait renoncer à une alliance avec l'Allemagne — alliance naturelle selon lui — il n'existerait aucune impossibilité pour elle de parvenir à une entente avec la Russie ou avec la France. Cela encore était parfaitement sincère, et juste en même temps du point de vue anglais, mais cela prouvait aussi très nettement que l'adhésion à la proposition de Chamberlain impliquait pour l'Allemagne l'obligation de faire cause commune avec l'Angleterre contre la Russie et la France et par conséquent d'envenimer dangereusement ses rapports avec ces deux pays.

C'est en se basant sur cette conviction que, le 11 juin 1898, après qu'en mai M. Chamberlain eût même publiquement développé ses idées dans un discours tenu à Birmingham, M. de Bülow résuma ainsi son opinion définitive à l'ambassadeur d'Angleterre à Berlin :

1º Il faudrait une certitude que le gouvernement anglais tout entier, ainsi que le Parlement et l'opinion publique, qui, précisément en Angleterre, possède une si grande influence, ratifieraient l'alliance.

2º L'Allemagne est située géographiquement entre la France et la Russie. Les rancunes et les espérances de la France à notre égard sont connues. La Russie n'a aucune raison ni aucune envie de les soutenir, tant que nous ne menacerons pas sa position en Asie. Mais si l'on concluait une alliance anglo-allemande, dirigée contre la Russie, la répercussion sur les relations germano-russes ne manquerait pas de se faire sentir. Quels gages de réassurance et de couverture l'Angleterre peut-elle nous donner de ce côté ?

3º Spécialement dans les affaires d'Asie, la Russie a été beaucoup plus coulante envers nous que l'Angleterre.

Toutes ces considérations concordent exactement avec les points de vue, exposés plus haut, des dirigeants de la politique allemande, et, par rapport à la situation générale de l'époque, ils sont parfaitement compréhensibles. Dans tout ce calcul, il n'y avait qu'une erreur, mais, il est vrai, décisive pour l'avenir. On ne comptait pas suffisamment avec la possibilité pour l'Angleterre de se rapprocher de la Double-Alliance, on croyait que le fossé qui la séparait de la Russie ainsi que de la France était beaucoup trop large pour pouvoir jamais être comblé ; bien plus, on espérait qu'il irait encore en s'élargissant avec le temps, et qu'alors la fière Albion serait mûre pour une entente avec la Triple-Alliance à des conditions moins onéreuses. Or, comme nous allons le voir, tel ne devait pas être le cas.

Tout d'abord il sembla que le conflit entre la Grande-Bretagne et la France était sur le point de devenir aigu. En automne 1898, les deux pays se heurtèrent violemment dans la vallée du Nil supérieur. Le général britannique Kitchener s'y était avancé jusqu'à Fachoda, endroit déjà occupé par des troupes coloniales françaises sous les ordres du commandant Marchand. Un instant on put croire que les deux rivaux allaient en venir aux mains. Mais au moment où la tension paraissait la plus vive, les choses changèrent de face : la France battit en retraite. Le ministère dut démissionner, et M. Delcassé, le nouveau ministre des Affaires Etrangères, se décida à céder aux exigences de l'Angleterre. A la longue cet incident eut de grandes conséquences politiques. Il démontra que la République n'osait pas entrer en lutte avec la Grande-Bretagne pour des conquêtes coloniales parce que, ce faisant, elle aurait dû renoncer pour de longues années à son but principal sur le continent européen, la récupération de l'Alsace-Lorraine. Le différend se termina le 21 mars 1899 par un accord entre l'Angleterre et la France qui délimitait les zones d'influence des deux pays au Soudan.

Pendant les semaines critiques de Fachoda, et même un peu après, quelques nouvelles tentatives furent faites pour entraîner l'Allemagne hors de sa scrupuleuse réserve, tentatives qui venaient cette fois de plusieurs côtés. Tout d'abord M. Chamberlain, le 8 décembre 1898, peu après la rencontre de Fachoda et avant l'arrangement du conflit avec la France, prononça à Wakefield un discours où il préconisait une entente avec l'Allemagne. Quand on réfléchit aux événements qui venaient de se passer, on ne peut s'empêcher de supposer que ses paroles n'étaient pas moins inspirées par le désir d'intimider la France que par l'intention de s'appuyer sur la Triple-Alliance. Cette fois encore le gouvernement de Berlin resta sourd à l'invitation.

Au printemps de 1899 fut pareillement écartée une proposition française d'examiner la possibilité d'une coopération temporaire entre la République et l'Allemagne. Le 14 mars 1899, M. de Bülow résuma le point de vue de sa politique en ces termes : « En ce qui concerne la tentative française de rapprochement, nous restons polis sans nous bercer d'illusions, car nous n'y voyons avant tout que l'intention — en laissant provisoirement ouverte la question d'Alsace-Lorraine — d'utiliser la puissance de l'Allemagne pour écraser les adversaires de la France dans le domaine colonial, avec l'arrière-pensée une fois ce but atteint et avec l'accroisement de forces qui en résulterait, de régler définitivement avec nous la question d'Alsace-Lorraine. La seule chose raisonnable que nous puissions faire actuellement, et même à l'avenir, est d'observer une neutralité d'attente dans les questions qui sont au premier plan de la politique européenne, c'est-à-dire dans les grands antagonismes qui existent d'abord entre l'Angleterre et la France, ensuite entre l'Angleterre et la Russie [1].

Quand, peu après, la Russie proposa à Berlin un accord sur le Proche-Orient, M. de Bülow rédigea, le 5 mai 1899 [2], après un entretien avec l'ambassadeur de Russie à Berlin, le Comte de Osten-Sacken, une note qui complète les points de vue indiqués ci-dessus, et dont voici deux passages principaux : « Hier, à mon jour de réception, l'ambassadeur de Russie est revenu sur l'idée d'un accord germano-russe concernant l'Orient turc. Il avait, me dit-il, retourné la question sous toutes ses faces, mais il ne voyait pas la possibilité d'en référer lui-même à Saint-Pétersbourg. Le comte Mouraview, ministre russe des Affaires Étrangères, était tellement jaloux et méfiant envers ses ambassadeurs qu'il ne tenait aucun compte des idées qui venaient d'eux ou bien qu'il les soumettait au Tsar sous une forme dénaturée. Il ne restait donc qu'à faire émettre la proposition par le prince Radolin, l'ambassadeur d'Allemagne à Saint-Pétersbourg. Je lui répondis que les difficultés qu'il avait indiquées n'excluaient pas un échange d'idées entre nous sur la question dont il venait de parler, bien que forcément cet échange ne pût avoir provisoirement qu'un caractère académique, que

---

1. *Grande Politique*, vol. XIII, p. 264.
2. *Grande Politique*, vol. XIII, pp. 265-66.

j'étais un partisan déclaré de relations aussi intimes que possible avec la Russie, et que mes idées et mes vœux sous ce rapport avaient la pleine approbation de Sa Majesté mon auguste Maître. Il existait une condition à laquelle nous serions prêts à conclure immédiatement avec la Russie, de même qu'avec la Russie et la France, n'importe quel accord et n'importe quelle alliance, c'était le cas où Russie et la France se déclareraient prêtes à une garantie mutuelle du maintien de l'intégrité territoriale actuelle des trois puissances. Le comte Osten-Sacken répliqua que ce n'était pas encore possible pour la France. La raison en France avait renoncé à l'Alsace-Lorraine, mais le sentiment français ne permettait pas encore de déclarer formellement cette renonciation. Quand je dis à l'ambassadeur que je pouvais m'imaginer aussi tout autre accord entre l'Allemagne et la Russie seule, à condition que cet accord contînt la garantie mutuelle de l'intégrité territoriale actuelle, l'ambassadeur garda le silence. » Les déclarations du chancelier allemand signifiaient donc qu'il ne conclurait avec la Russie qu'une alliance qui conjurerait le danger d'une attaque française contre l'Allemagne. Vu l'impossibilité d'obtenir une telle alliance, l'Allemagne dut continuer à observer envers la Russie la stricte réserve qu'elle s'était imposée dans l'intérêt du maintien de l'indépendance allemande.

Ainsi l'Allemagne ne s'écarta sur aucun point de son principe d'indépendance et d'isolement volontaire. Par contre, elle s'efforça de conserver des relations amicales partout où cela était possible et avant tout de supprimer les causes de conflits avec l'Angleterre dans les colonies afin d'aplanir à ce pays la voie qui, espérait-on, le conduirait à une entente avec la Triple-Alliance. Le 30 août 1898 fut conclu entre la

Grande-Bretagne et l'Allemagne, au sujet des colonies portugaises — qui, il est vrai se trouvaient encore entre les mains des Portugais, — un traité secret qui promettait à chacune des deux puissances une zone d'influence déterminée pour le cas où le Portugal vendrait ses possessions d'outre-mer. Lord Salisbury qui affectait, quant à un rapprochement avec la Triple-Alliance, une réserve beaucoup plus grande que M. Chamberlain, amoindrit sensiblement la valeur de cet accord en garantissant peu après aux Portugais l'intégrité de leurs possessions. Le gouvernement britannique se montra particulièrement opiniâtre quand l'Allemagne éleva des prétentions sur certaines parties de Samoa où les Etats-Unis avaient l'intention de s'établir à la suite de troubles graves. Lord Salisbury masqua d'abord sa répugnance à se rendre aux désirs de Berlin sous le prétexte de la grande difficulté que constituait l'état d'esprit de l'Australie où toute solution qui n'attribuerait pas à l'Angleterre le groupe entier des îles Samoa serait prise en très mauvaise part[1]. Ce ne fut que sous une pression énergique de l'Allemagne qu'il se déclara prêt à négocier, mais il n'en resta pas moins, longtemps encore, extrêmement hésitant. Finalement fut conclu, le 14 novembre 1899, un traité en vertu duquel les îles Samoa étaient réparties entre les Etats-Unis et l'Allemagne, tandis que l'Angleterre recevait les îles Tonga, la plus grande partie du groupe des îles Salomon et d'autres concessions dans le domaine colonial.

Que la Wilhelmstrasse, malgré quelques accès de mauvaise humeur occasionnés par le manque de

----

1. *Grande Politique*, vol. XIV, p. 576.

bonne volonté des Anglais, fit au fond tout son possible pour améliorer ses rapports avec le Royaume insulaire, c'est ce que prouve son attitude pendant la guerre qui éclata en octobre 1899 entre la Grande-Bretagne et les Républiques Sud-Africaines des Boërs. Malgré le grand enthousiasme de la presse allemande pour les Boërs, le gouvernement s'appliqua à observer une attitude absolument neutre et même amicale envers l'Angleterre. Une tentative française de gagner l'Allemagne à une action commune contre les plans d'extension britanniques en Afrique échoua complètement. Vers la fin de novembre 1899, l'empereur Guillaume II partit pour Windsor pour y rendre visite à la vieille reine Victoria. A cette occasion l'Empereur et M. de Bülow qui l'accompagnait, causèrent avec M. Chamberlain, qui revint encore sur son projet d'alliance et cette fois proposa de l'étendre aux Etats-Unis. L'Empereur, tout en exprimant des doutes sur la possibilité de parvenir à la conclusion d'un traité formel, conseilla de persévérer dans la voie où l'on s'était engagé pour arriver à une entente générale. Peu de jours après, le 30 novembre, Chamberlain prononça un nouveau discours public, dans lequel il désigna une union entre l'Angleterre et le « grand Empire allemand » comme le but naturel de la politique anglaise, et exprima l'opinion qu'à côté d'une alliance entre l'Angleterre et l'Amérique « une triple Alliance entre la race teutonique et les deux rameaux de la race anglo-saxonne devait exercer une influence durable sur l'avenir du monde. » Le ministre britannique des colonies était certainement bien aise de prôner cette idée au moment où l'opinion publique de toute l'Europe se réjouissait des premières victoires des Boërs et en concluait prématurément à un ébranlement de la puissance anglaise.

Au début de 1900 il se produisit un certain froid dans les relations germano-anglaises, parce que les Anglais saisirent des vapeurs allemands qui faisaient route pour l'Afrique du sud, bien que ceux-ci n'eussent pas de contrebande de guerre à bord. Berlin, naturellement, réclama avec énergie la restitution des navires et finit par l'obtenir. Mais Lord Salisbury profita de l'occasion pour manifester ouvertement son aversion pour le projet d'alliance de Chamberlain, en déclarant à l'ambassadeur d'Allemagne qu'il désirait une Allemagne forte, il est vrai, mais que « la vieille politique anglaise qui consistait à ne pas se mêler des petites querelles du continent subsistait toujours [1]. » Par la suite, le gouvernement de Berlin, tint ferme à sa résolution prise une fois pour toutes d'éviter des actes qui auraient pu être interprétés comme une atteinte aux intérêts de l'Angleterre. C'est ainsi qu'en mars il déclina une proposition du Tsar invitant l'Allemagne, la France et la Russie, à servir de médiatrices entre la Grande-Bretagne et les Boërs. Et quand plus tard les Boërs, qui avaient été vaincus dans l'intervalle, demandèrent une médiation, et qu'une députation, à la tête de laquelle se trouvait le président Krüger, vint en Europe, l'empereur d'Allemagne refusa de la recevoir. Une telle attitude prouvait avec une évidence absolue que Berlin évitait strictement tout ce qui aurait pu blesser l'amour-propre britannique. Parmi les événements de l'année 1900, il faut mentionner encore la conclusion d'un accord avec la Grande-Bretagne. En Chine avait éclaté la révolte des Boxer, qui était

---

1. Lord GREY, 25 *ans de Politique*, vol. I, p. 50.

nettement dirigée contre les étrangers. Le 18 juin,
à la suite de troubles prolongés, le ministre d'Allemagne, M. de Ketteler, fut assassiné par les rebelles
à Pékin. Les États atteints par les troubles, savoir
l'Allemagne, l'Angleterre, la Russie et le Japon,
envoyèrent alors en commun un corps expédition-
naire commandé par un Allemand, le comte Waldersee
pour punir ces excès et rétablir l'ordre. A l'occasion
de cette mesure, l'Allemagne prit l'initiative d'un
accord avec la Grande-Bretagne concernant la zone
d'influence des deux pays dans la Chine centrale.
Mais on se heurta à une difficulté provenant du fait
bien connu que la Russie désirait refouler l'Angleterre et que l'Angleterre de son côté voulait mettre
des bornes à l'expansion russe. Pendant les négociations, Lord Salisbury fit de grands efforts pour donner
à l'accord projeté une tendance anti-russe, chose que
l'on voulait à tout prix éviter à Berlin. Finalement,
le 16 octobre 1900, on réussit à signer entre l'Angleterre et l'Allemagne, le traité dit du Yang-Tsé, destiné à écarter tous les désaccords qui pourraient
surgir entre les deux pays au sujet de l'Extrême-
Orient. La politique allemande avait encore pu conserver sa liberté d'action en même temps que l'atmosphère politique se trouvait purifiée.

Ainsi cette année pleine d'événements se termina
sous des auspices favorables pour le rapprochement
entre la plus grande puissance navale et la plus
grande puissance continentale de l'Europe. Dans
l'intervalle, le 18 octobre 1900, le prince Hohenlohe
s'était démis de ses fonctions de chancelier de l'Empire et avait eu pour successeur à la haute direction
des affaires étrangères Bernard de Bülow qui depuis
quelque temps déjà exerçait la plus grande influence
sur la politique extérieure. La reine Victoria mourut

le 22 janvier 1901, et Edouard VII monta sur le trône
de l'Empire britannique. Peu de temps après, on reprit à nouveau les conversations sur la possiblité
d'une alliance germano-anglaise.

Cette fois encore, ce fut M. Chamberlain qui prit
l'initiative. Déjà, le 18 janvier 1901 [1], l'ambassadeur d'Allemagne mandait de Londres que le Secrétaire d'Etat aux Colonies, avait dans une entrevue
privée, fait au conseiller d'ambassade M. de Eckardts-
stein ces déclarations significatives : « Lui et ses amis
du cabinet se rendaient clairement compte que le
temps de la politique du « splendide isolement » était
passé pour l'Angleterre. Elle devait chercher des
alliés pour l'avenir. » Elle avait le choix entre la
Russie et la France, d'un côté, la Triple-Alliance de
l'autre. Tant au sein du cabinet que parmi le peuple,
certains désiraient et recherchaient un compromis
et un accord solide avec la Russie et étaient prêts à
payer un prix très élevé pour atteindre ce but.
Quant à lui, il ne faisait pas partie de ceux qui désiraient se rallier à la Russie, il était convaincu au
contraire que l'entente avec l'Allemagne et un ralliement à la Triple-Alliance étaient préférables.
Personnellement il ferait tout pour préparer un ache-
minement progressif vers cette voie. En premier
lieu il était pour la conclusion d'un accord secret
entre l'Angleterre et l'Allemagne, concernant le
Maroc, sur les bases discutées antérieurement. Il
conseillait d'entamer le projet aussitôt que Lord
Salisbury serait parti pour le midi et de discuter
les détails avec Lord Lansdowne et avec lui-même.
Aussi longtemps que lui, Chamberlain, aurait la conviction qu'une entente durable avec l'Allemagne

---

1. *Grande Politique*, vol. XVII, pp. 15-16.

était possible, il s'opposerait de la façon la plus énergique à toute idée d'un compromis avec la Russie. Dans le cas, toutefois, où il serait prouvé qu'un accord durable avec l'Allemagne était irréalisable, lui aussi voterait pour une entente avec les Russes, malgré le prix exorbitant, comprenant éventuellement la Chine et le Golfe Persique, que l'Angleterre aurait probablement à payer. Il priait de considérer provisoirement ses déclarations, à l'exception de celles relatives à la question du Maroc, non comme une proposition, mais comme une discussion purement académique. »

Remarquons tout d'abord, à propos de ces déclarations, que l'initiative prise par M. Chamberlain au sujet d'un accord germano-anglais concernant le Maroc avait eu lieu en novembre 1899, lors de la visite de l'empereur Guillaume II à Windsor. La France progressait au Maroc et là non plus M. de Bülow n'avait pas osé intervenir pour ne pas s'engager dans des conflits dangereux. Si le ministre britannique des colonies revenait sur cette affaire, il montrait une fois de plus à quoi il tendait en désirant un accord avec l'Allemagne. Il lui fallait de l'aide contre les concurrents dans la lutte coloniale. C'est ce qu'indiquait sa grande confession, qu'au besoin il s'entendrait avec la Russie. L'état de choses en Angleterre même était caractérisé par son désir d'attendre tout d'abord le départ du premier ministre Lord Salisbury, avant d'entamer la discussion sur un rapprochement « progressif ». Il était évident que M. Chamberlain voyait en cet homme le principal adversaire de ses propres intentions. Il croyait avoir de son côté Lord Lansdowne, le nouveau Secrétaire d'Etat des Affaires Etrangères, ce qui constituait un notable progrès.

L'attitude adoptée par Bülow ressort d'un télégramme du 20 janvier [1], par lequel l'ambassadeur d'Allemagne à Londres reçut l'ordre d'écouter amicalement les Anglais, de reconnaître en toute franchise que, dans certaines circonstances, l'Allemagne et l'Angleterre pourraient être appelées à défendre en commun des intérêts vitaux, mais de déclarer aussi que, pour le moment, l'opinion publique allemande était encore trop méfiante envers la Grande-Bretagne à cause de l'attitude peu amicale témoignée à plusieurs reprises par ce pays dans les derniers temps. L'empereur Guillaume II, qui était justement en route pour l'Angleterre afin d'accourir au lit de mort de l'impératrice Victoria, montra plus d'optimisme. Il télégraphia au sujet de la dépêche d'Eckardtstein :

« Ainsi ils (les Anglais) en arrivent, paraît-il, à ce que nous voulons [2] ». La réponse du chancelier fut tout à fait dans le sens des instructions qu'il avait adressées à Hatzfeldt : « Maintenant il s'agit avant tout de ne pas décourager les Anglais et de ne pas non plus se laisser prendre prématurément par eux. Les difficultés anglaises ne feront qu'augmenter dans les mois qui vont suivre et en même temps augmentera le prix que nous pourrons exiger. A considérer l'ensemble de la situation mondiale, ainsi que nos propres intérêts vitaux, Votre Majesté ferait un vrai coup de maître si elle réussissait à laisser aux Anglais dirigeants l'espoir d'un solide accord avec nous sans qu'Elle fût entraînée à prendre avec eux d'engagements prématurés. » [3] Il est donc évident qu'à Berlin aussi on envisageait un accord avec l'Angleterre, mais qu'on y avait en même temps la conviction

---

1. *Grande Politique*, vol. XVII, p. 18.
2. *Grande Politique*, vol. XVII, p. 19.
3. *Grande Politique*, vol. XVII, pp. 20-21.

qu'en attendant avec calme on obtiendrait de meilleures conditions. Si, exactement comme en 1898, on décida d'adopter cette tactique, la moindre raison ne fut pas qu'on ne prenait point au sérieux la menace de M. Chamberlain que l'Angleterre pourrait se rapprocher de la France et de la Russie. Aussi M. de Bülow déclara-t-il dans son télégramme à l'Empereur : « L'entente avec la Double-Alliance dont les Anglais nous menacent n'est qu'un épouvantail inventé pour nous intimider et dont les Anglais se servent depuis des années. Les sacrifices qu'une entente de ce genre imposerait à l'Angleterre sont si extravagants que le gouvernement anglais ne s'y est pas décidé même au moment de la plus grande irritation entre nous et l'Angleterre [1]. Holstein alla même jusqu'à télégraphier : « Je suis particulièrement méfiant à l'égard de l'assaut actuel d'amabilités auquel se livrent envers nous M. Chamberlain et ses amis, parce que l'entente avec la Russie et la France, dont on nous menace n'est qu'une blague [2]. »

Là évidemment était le nœud de toute la question. Si une entente entre la Grande-Bretagne et ses adversaires d'alors était effectivement inimaginable, la politique allemande avait pleinement raison de retarder la conclusion d'un traité jusqu'à ce que la Grande-Bretagne, serrée de près par ses deux rivales, eût diminué le plus possible ses exigences concernant l'appui allemand et fût prête à faire de vastes concessions aux intérêts particuliers de l'Allemagne. Mais si réellement l'Angleterre en était déjà réduite à recourir à un allié, parce qu'autrement il lui aurait fallu battre en retraite, la situation était tout autre.

---

1. *Grande Politique*, vol. XVII, p. 21.
2. *Grande Politique*, vol. XVII, p. 22.

Il s'agissait donc d'apprécier exactement la situation pour décider de l'attitude que Berlin devait prendre. C'est ce que comprit aussi le comte de Hatzfeldt à Londres. A la suite d'un entretien entre Lord Lansdowne et le baron d'Eckardtstein, dans lequel le ministre anglais des Affaires Etrangères demanda avant tout si l'Allemagne, de concert avec l'Angleterre et le Japon, voulait arrêter les Russes en Chine, l'ambassadeur esquissa ce tableau détaillé de la situation telle qu'il la voyait [1] : « Quant au caractère de l'initiative anglaise, j'ai l'impression certaine qu'en tant qu'elle est due à Lord Lansdowne, elle n'est peut-être pas suffisamment réfléchie, mais qu'elle n'est pas faite de mauvaise foi. D'après toutes les observations que j'ai pu faire jusqu'ici, elle est inspirée par l'idée que l'Angleterre ne peut plus faire face toute seule, en Chine et ailleurs, aux difficultés qui menacent l'avenir sans s'appuyer sur une puissante alliance continentale ; que la seule alliance désirable et utile serait une alliance avec l'Allemagne ; mais que, vu l'état actuel des choses, il faudra qu'on voie bientôt clairement si ce but est accessible, et que, dans le cas où il serait prouvé qu'il ne l'est pas, il faudra aviser sans délai à donner à la politique anglaise une autre direction, limitant le champ des aspirations anglaises pour autant qu'elles pourront entrer en conflit avec les aspirations russes, dans la proportion exacte des forces dont l'Angleterre seule dispose en Chine et ailleurs, et en tâchant d'une façon générale de s'entendre avec la Russie, même au prix de gros sacrifices. » Et, plus bas, en termes plus clairs encore, le comte de Hatzfeldt dit que la proposition faite par la Grande-Bretagne à l'Allemagne

---

1. *Grande Politique*, vol. XVII, p. 20.

signifie : « Je t'avoue en toute franchise et sincérité que je n'en peux plus sans ton assistance, et que si tu me la refuses je devrai restreindre mes affaires. Mais s'il te convient de continuer les affaires avec moi, tu me diras bien qu'elles sont tes conditions. »

Pour conclure, l'ambassadeur proposa, comme moyen de faire durer les négociations, d'attirer l'attention de Lord Lansdowne sur la diversité des intérêts allemands et anglais, particulièrement en Chine.

L'avis du vieux diplomate expérimenté était donc qu'il serait à propos de se prêter à l'initiative anglaise en faisant connaître, du côté allemand, ce que l'on exigeait. Berlin approuva en principe cette façon de voir, tout en doutant fort de la sincérité des Anglais, notamment de celle de Lord Salisbury et déclara admissible la discussion d'un traité défensif germano-anglais qui « abstraction faite d'une réciprocité assurée dans la mesure du possible, comportât pour l'Allemagne des avantages immédiats et directs et pas seulement des promesses. » En outre, on posa comme condition que l'offre vînt de l'Angleterre [1].

Après un court arrêt dans la discussion, Lord Lansdowne, le 18 mars, demanda au baron Eckardtstein « s'il était possible de conclure entre l'Angleterre et l'Allemagne un arrangement défensif calculé pour un temps prolongé. Il croyait que plusieurs de ses collègues, les plus influents, seraient favorables à une telle idée » [2].

La réponse de M. de Bülow fut immédiate. En voici en gros la teneur : « L'idée de lord Lansdowne d'un arrangement défensif calculé pour un temps prolongé

---

1. *Grande Politique*, vol. XVII, p. 35.
2. *Grande Politique*, vol. XVII, p. 42.

entre l'Angleterre et l'Allemagne serait accueillie
ici d'une façon absolument sympathique. Conformément à la nature et à l'esprit d'un accord défensif,
il ne s'agirait évidemment pas de la fondation d'une
association ayant pour but d'acquérir de nouveaux
avantages, mais uniquement du maintien et de la garantie de l'intégrité territoriale des contractants. Or,
même avec cette réserve, un arrangement de ce genre
toucherait de près à la situation politique de nos alliés
de la Triple-Alliance, vu que ceux-ci, conformément
aux obligations que leur impose l'alliance, seraient
entraînés dans un conflit qui se produirait entre nous
et une tierce puissance. Nous ne pourrions donc consentir à cet arrangement défensif qu'après assentiment
préalable de nos alliés » [1]. Le chancelier allemand,
qui, par conséquent, voulait que le traité défensif
avec la Grande-Bretagne fût étendu à toute la Triple-Alliance, proposa donc que Londres s'adressât d'abord à Vienne pour s'assurer de l'assentiment de l'Autriche-Hongrie.

Effectivement les discussions prirent une allure plus
vive, toujours, il est vrai, sous la forme de conversations privées et non officielles. Toutefois, dès le début
du côté anglais on se montra plein d'hésitation. Lord
Salisbury, à qui Lord Lansdowne fit un rapport, se
déclara bien « d'accord pour une alliance défensive
strictement définie » [2] mais éleva aussitôt certaines
objections, surtout parce qu'on voulait comprendre
dans cette alliance l'Autriche et l'Italie [3]. Le 18 mai,
M. de Hatzfeldt télégraphia qu'il était désormais
convaincu que : « 1º Lord Salisbury ne se prêterait à
aucune négociation avec l'Autriche et l'Italie tant

1. *Grande Politique,* vol. XVII, p. 44.
2. *Grande Politique,* vol. XVII, p. 46.
3. *Grande Politique,* vol. XVII. p. 57.

qu'il ne se serait pas arrangé sous main avec nous (l'Allemagne) ; 2° Qu'au point où en étaient les choses nous ne ferions pas un pas de plus tant que nous n'aurions pas acquiescé au désir de Lord Lansdowne de discuter les questions de détail et leur rédaction éventuelle ici ou à Berlin » [1]. Toutefois, à la Wilhelmstrasse, on s'en tint avec fermeté au principe déjà établi, et on souligna que la participation des alliés de l'Allemagne était le point principal, qui devait être éclairci avant tout. On considérait ce point comme la garantie de l'égalité de droits des intérêts respectifs. L'accord que l'on avait en vue était basé sur ce que l'Angleterre et l'Allemagne devaient s'aider mutuellement si l'une d'elles était attaquée par deux autres puissances. Berlin persistait donc à vouloir étendre cette clause aux alliés de l'Allemagne, parce qu'autrement il aurait pu arriver que l'Allemagne, conformément aux clauses de la Triple-Alliance, fût obligée de courir au secours de l'Autriche, si la Monarchie danubienne était attaquée de deux côtés, alors que l'Angleterre aurait pu se croiser les bras. Au fond, toute la discussion tournait autour de la question de savoir jusqu'à quel point l'Angleterre serait prête, en cas de nécessité, à intervenir pour la défense des intérêts vitaux de l'Empire allemand, qui, bien entendu étaient étroitement liés à ceux des autres puissances centrales. M. von Holstein a fait ressortir ce point avec une clarté remarquable dans un rapport daté du 14 juin 1901, où il disait : « Si nous prenons sur nous... la charge et la responsabilité redoutables de défendre le Royaume britannique contre tous venants (en français dans le texte), nous devons irrévocablement exiger que la Triple-Alliance

---

1. *Grande Politique*, vol. XVII, p. 63.

soit considérée, de même que Greater Britain (la plus grande Angleterre), comme un tout, de sorte que, par exemple, une attaque de l'Autriche-Hongrie ou de l'Italie par deux ou plusieurs puissances entraîne dans la guerre non seulement les alliés de la Triple-Alliance, mais aussi l'Angleterre. Une alliance avec l'Allemagne seule empirerait la situation au lieu de l'améliorer. Car la teneur du traité d'alliance devant être rendue publique, les adversaires de l'Allemagne sauraient avec certitude que, s'ils attaquaient l'Autriche et que l'Allemagne, qui n'aurait pas été attaquée directement, accourût à son secours, le cas d'alliance n'existerait pas pour l'Angleterre » [1]. D'autre part, lord Salisbury ne pouvait se décider à adhérer au point de vue allemand. Sa méfiance contre Berlin, que le roi d'Angleterre lui-même fut amené à reconnaître et à regretter [2], l'empêcha de faire les concessions qu'on exigeait. Ainsi les discussions finirent en queue de poisson, l'Angleterre n'ayant fait aucune réponse définitive. Lord Lansdowne vers la fin de l'année s'en excusa auprès du nouvel ambassadeur d'Allemagne à Londres, le comte Metternich, en prétextant « que le Parlement (anglais) s'était dissous peu après et qu'on avait procédé à de nouvelles élections ». Mais le vrai motif était que le premier ministre britannique trouvait les conditions allemandes exagérées.

Si l'on veut porter un jugement sur l'ensemble des évènements décrits ci-dessus, il faut procéder avec beaucoup de circonspection. Tout d'abord il est évident que, pas plus en 1901 qu'en 1898, il n'y eut de véritable offre officielle d'alliance du gouvernement

---

1. *Grande Politique*, vol. XVII, p. 86.
2. *Grande Politique*, vol. XVII, p. 88.

anglais au gouvernement allemand. Il s'est agi au contraire de pourparlers qui n'engageaient à rien et avaient pour but de part et d'autre de tâter le terrain pour savoir jusqu'à quel point il serait possible d'arriver à une entente politique. L'initiative partit du ministre britannique des colonies qui, de son propre aveu, cherchait sur le continent un point d'appui pour ses projets d'expansion coloniale, qui avaient conduit son pays à un antagonisme aigu avec la Russie et la France. Quoi de plus naturel alors que de rechercher, comme l'aide la meilleure, une alliance avec l'Allemagne, qu'aucun engagement ne liait à la Russie ni à la France ? Sa pensée essentielle était indiscutablement, pour emprunter une expression de Bismarck, de faire de l'Allemagne « l'épée de l'Angleterre sur le continent ». Les dirigeants de la po-litique allemande tentèrent de parer aux dangers que cela comportait pour les rapports avec l'alliance franco-russe et tâchèrent de leur côté d'obtenir de l'Angleterre le plus de concessions possible. Ils désiraient que l'Allemagne obtînt par l'alliance avec l'Empire mondial britannique une protection nettement définie contre les complications belliqueuses. C'était là un point de vue fondé sur des principes que nul ne saurait blâmer. Nous avons fait ressortir à plusieurs reprises que Berlin désira une entente avec la Grande-Bretagne. Toutefois, on espérait une pleine égalité de droits, et l'on voulait absolument éviter d'être exploité pour des buts purement anglais. M. von Holstein surtout craignait toujours que l'Angleterre visât à faire tirer les marrons du feu par les puissances du continent et cette « théorie des marrons » ainsi qu'il l'appelait, l'incitait à une extrême prudence. Cela aussi se comprend parfaitement quand on réfléchit au rôle que l'Angleterre a joué envers l'Europe dans le courant des siècles derniers. On ne saurait donc faire bon marché des hésitations de la Wilhelmstrasse.

Mais que dire de la tactique suivie du côté allemand pendant la discussion ? Si la politique est l'art du possible, tout dépend de la juste estimation de ce qui est possible. Les partisans britanniques d'une alliance avec l'Allemagne n'avaient pas, ainsi que nous avons pu le voir, une situation facile. Abstraction faite de l'opinion publique qui n'était nullement germanophile, ils trouvaient contre eux une résistance dans le gouvernement anglais lui-même du fait avant tout du premier ministre Lord Salisbury. Dans cet état de choses, un brusque et total étalage des conditions allemandes et une insistance intransigeante sur l'acceptation de ces conditions auraient, évidemment dès le début, comporté le danger que les adversaires auraient profité de l'occasion pour déclarer : une puissance qui nous demande tant ne peut nous être d'aucune utilité comme alliée. Une façon plus souple de procéder, telle que la proposa l'ambassadeur d'Allemagne à Londres, aurait sans doute eu plus de succès. Mais en croyait avoir le temps, et l'on ne prit jamais au sérieux la menace d'un ralliement des Anglais à la Duplice. Mais après tout, aurait-on pu finalement arriver à une entente satisfaisant les deux parties ? Les intérêts de l'Empire mondial britannique et ceux de la puissance continentale allemande divergeaient à un tel point que personne ne peut indiquer avec certitude comment ils auraient pu être mis d'accord. Même un Bismarck n'a pas réussi à mettre Londres de son côté à des conditions acceptables. Etait-ce possible à une époque où la situation de l'Allemagne sur le continent était notablement affaiblie par suite du non-renouvellement du traité de réassurance ? Et, d'autre part, était-il désirable qu'à cause de cet affaiblissement l'Allemagne se décidât à servir de compagnon à l'Angleterre dans la poursuite des plans de celle-ci ? Sa position sur le continent en serait-elle devenue plus solide ? Certes non. Car la menace que constituait la Double-Alliance et qui, justement, s'était alors atténuée, se serait immédiatement aggravée, puisque le principal motif qui avait décidé la Russie et la France à s'allier venait de ce que les gouvernements de ces pays croyaient probable un rapprochement entre l'Angleterre et les puissances centrales [1].

Au bout du compte, l'erreur de Berlin depuis 1890 fut donc de ne pas croire à la possibilité d'un accord « à droits égaux » avec l'Angleterre et de baser en grande partie sa politique sur cette conviction. On se trompait quant aux besoins de l'Empire britannique qui, au cas d'un partage du continent en deux groupes — partage devenu une réalité par l'alliance franco-russe, — n'avait d'autre ressource que d'exploiter l'un de ces groupes dans l'intérêt de ses propres buts sur tout le globe. L'étonnant est que Berlin ait persisté dans son erreur même après l'échec des pourparlers de 1901. C'est ainsi que M. von Holstein, le père intellectuel de cette politique, écrivait : « Nous croyons en outre que le cours de l'évolution de l'histoire universelle, qui finit par entraîner les volontés individuelles, selon toute probabilité poussera un jour du même côté l'Allemagne et l'Angleterre » [2].

---

1. Comp. la lettre du ministre russe des Affaires Etrangères, de Giers, du 21 août 1891, qui mentionne comme cause de l'Entente franco-russe « la situation créée par la publication du renouvellement de la Triple-Alliance et l'adhésion plus ou moins probable de la Grande-Bretagne aux buts politiques de cette alliance » (*L'alliance franco-russe*, p. 16).

2. *Grande Politique*, vol. XVII, pp. 87-88.

Et le secrétaire d'Etat par intérim du ministère des Affaires Etrangères recommanda de suivre dorénavant « une politique d'attente, aux nerfs solides et à la bouche close [1]».

Or, le « cours de l'évolution » prit une direction tout autre, et précisément celle que lui imprimèrent les intérêts de l'Empire britannique. Les événements qui suivirent ne peuvent laisser aucun doute à cet égard. Les hommes d'Etat anglais procédèrent avec une habileté et une logique consommées. Ils entreprirent immédiatement de résoudre la question d'un arrangement avantageux avec la Double-Alliance. La difficulté résidait naturellement dans le fait que les deux rivales de l'Angleterre, la Russie et la France, étaient alliées entre elles. Elles venaient même de resserrer leur alliance par crainte justement d'une entente entre l'Allemagne et l'Angleterre. En 1899, M. Delcassé, le ministre des Affaires Etrangères, qui s'était rendu personnellement à Saint-Pétersbourrg, y avait abouti non seulement à un renouvellement des accords de 1891 et de 1893, mais avait obtenu l'engagement que la convention militaire franco-russe survivrait à une dissolution éventuelle de la Triple-Alliance. Ainsi l'Empire des tsars se trouvait lié, même au cas où l'Italie s'écarterait de l'Allemagne ou si l'Autriche-Hongrie se dissolvait en ses éléments nationaux. La tendance anti-allemande de l'alliance franco-russe se manifestait donc plus distinctement encore que par le passé.

A l'avenir, le but de l'Alliance ne consisterait plus uniquement dans la conservation de la paix, mais aussi dans le maintien de l'équilibre [2]. Vis-à-vis de ce

----

1. *Grande Politique*, vol. XVII, p. 93.
2. *L'alliance franco-russe*, pp. 128-199 et suiv.

bloc, la tactique de l'Angleterre fut de s'opposer indirectement à l'une des parties, soit à la Russie, sa rivale en Extrême-Orient, et d'attirer insensiblement à elle l'autre partie, la France. L'acte le plus important dans la première de ces directions fut l'alliance conclue avec le Japon, le 30 janvier 1902. L'ambitieux État mongol était arrivé depuis longtemps en Extrême-Orient à un degré d'antagonisme si aigu avec la Russie, par suite de ses revendications sur certaines parties du continent asiatique, qu'on pouvait déjà prévoir une guerre. Les Anglais, en tendant la main aux Japonais pour maintenir l'intégrité de la Chine et de la Corée et en leur assurant une neutralité bienveillante en cas de conflit armé, neutralité qui ne les engageait dans l'action que si une troisième puissance prêtait son appui aux Russes, encourageaient le plus ardent adversaire de l'Empire des tsars en Extrême-Orient dans sa résistance à l'expansion slave, sans trop risquer eux-mêmes. Tout en suivant cette politique de défense déguisée contre la Russie, l'Angleterre cherchait à se rapprocher de la France, de sorte que dans le cas d'une guerre entre le Japon et la Russie, la République se trouverait empêchée de tirer l'épée en faveur de son alliée slave et d'amener ainsi l'Angleterre sur le champ de bataille. Les desseins de Londres se rencontraient avec le désir de Delcassé de mettre un terme au différend entre la France et l'Angleterre.

M. Delcassé avait pris sur lui l'humiliation de Fachoda, parce que, vu l'intention française d'un règlement de comptes avec l'Allemagne, il ne voulait pas de conflit sérieux avec la Grande-Bretagne pour des questions coloniales. On pouvait donc penser qu'il se montrerait conciliant dans un arrangement des questions litigieuses en Afrique. Dès le 30 janvier 1902 le nouvel ambassadeur d'Allemagne à Londres, le comte Metternich, qui avait succédé au comte Hatzfeldt, décédé dans l'intervalle, mandait : « J'apprends de source strictement confidentielle que depuis une dizaine de jours des négociations sont en cours entre M. Chamberlain et l'ambassadeur de France dans le but de régler tous les différends en suspens entre la France et l'Angleterre dans les questions coloniales »[1].

Ainsi le ministre britannique des colonies tenait parole et faisait exactement ce dont il avait menacé les Allemands. Il est vrai que les discussions avec Paris traînèrent en longueur, mais, ainsi que nous allons le voir, les évènements leur vinrent en aide.

Les efforts faits pour rapprocher l'Angleterre et la France coïncidèrent au début avec une autre évolution néfaste pour l'Allemagne et qu'en fin de compte on doit également ramener à l'attitude de Lord Salisbury. Nous avons vu qu'en 1892 le premier ministre britannique avait dénoncé l'accord méditerranéen avec l'Italie et l'Autriche-Hongrie. Par là l'Italie avait été laissée seule en face de la France sa rivale, et avait perdu un appui dont elle avait besoin. C'est alors qu'aboutirent peu à peu les efforts de la République afin, par toutes les chicanes imaginables, de rendre la vie dure à sa rivale latine. L'Italie dut chercher à s'entendre avec sa voisine plus puissante, d'autant plus qu'elle-même envisageait une expansion coloniale dans la région méditerranéenne. Dès 1900 cette façon d'opérer commença à porter des fruits, et cela comme suite de l'accord anglo-français de 1899[2]. Quand il fut question de

---

1. *Grande Politique*, vol. XVII, pp. 30-32.
2. *Les accords franco-italiens* 1900-1902, pp. 3 et suiv.

renouveler la Triple-Alliance en 1902, le ministre, M. Prinetti, exigea l'insertion dans le traité d'une nouvelle clause, portant « que l'Italie n'avait pris aucun engagement pouvant devenir dangereux pour la France. » En outre, il voulut obtenir de l'Allemagne la promesse du maintien du *statu quo* dans le Proche-Orient. A Berlin et à Vienne, on se refusa à toute modification du texte du traité, et l'on réussit à amener Rome à céder et à faire aboutir le 28 juillet 1902 la prolongation de la Triple-Alliance sous sa forme antérieure. Mais Prinetti fit alors immédiatement savoir aux Français que son pays n'avait pris aucun engagement contre la France. Et peu de mois plus tard, le 1er novembre 1902, il y eut entre Rome et Paris un échange de notes en vertu duquel l'Italie en Tripolitaine et en Cyrénaïque et la République au Maroc auraient le droit d'étendre librement « leurs zones d'influence au moment opportun ». Les conséquences de cet accord, qui prévoyait pour les deux pays une expansion sans entraves dans la région méditerranéenne, furent de deux sortes. D'abord l'Italie devint dès lors un membre très peu sûr de la Triple-Alliance, et cela ne fit naturellement que s'aggraver quand l'Angleterre se rapprocha de la France. D'autre part, la France put enregistrer une seconde brèche dans le rempart élevé par Bismarck et percer aussi, au sud, une trouée dans son propre isolement. Paris vit dans le traité une promesse de neutralité de la part de l'Italie dans le cas d'une guerre franco-allemande[1]. Pendant ce temps, la Russie se préparait lentement mais systématiquement au futur conflit avec le Japon. On mettait tout en œuvre à Saint-Pétersbourg pour avoir les mains libres en Europe

---

1. Comp. *La correspondance diplomatique d'Iswolski*, vol. II, p. 351.

afin de pouvoir se consacrer entièrement à la grande
entreprise en Extrême-Orient.

En janvier 1899 le tsar Nicolas II invita les gouvernements des autres pays à convoquer une conférence de paix, qui devait examiner la possibilité
d'une suspension des armements pour une durée
de cinq ans et la création d'un tribunal d'arbitrage
pour les différends internationaux. M. Witte, alors
ministre russe des finances, a dévoilé dans ses Mémoires que l'initiative de cette démarche doit être
ramenée entre autres au fait que l'Autriche-Hongrie
avait à cette époque l'intention d'augmenter considérablement son artillerie, tandis que la Russie ne dis-
posait pas des moyens nécessaires pour prendre des
mesures correspondantes. La conférence proposée
siégea à La Haye du 18 mai au 20 juillet 1899. Vingt-
six nations y participèrent et juste au moment où
l'impérialisme des grandes puissances avides de vastes
conquêtes en Asie et en Afrique atteignait son apogée,
on y eut le spectacle des représentants de ces mêmes
puissances manifestant leurs sentiments pacifiques,
dans des discours enthousiastes, tandis qu'au fond
ils nourrissaient les plus grands doutes sur la possibilité de réaliser les propositions russes. L'Allemagne
exprima ces doutes avec une imprudente franchise
et s'attira ainsi le reproche d'avoir troublé et empêché
cette noble entreprise. La suspension des armements
fut finalement repoussée par toutes les grandes puissances, à l'exception bien entendu de la Russie. En
revanche, on décida d'instituer un tribunal d'arbitrage permanent, auquel ne seraient soumis, il est
vrai, que ceux des différends qui ne concerneraient
pas l'honneur et les intérêts vitaux des Etats. L'Allemagne après s'y être d'abord opposée, se déclara
d'accord, mais se prononça avec beaucoup d'autres

pays contre une obligation juridique d'en appeler à cette cour d'arbitrage [1]. Peu après la clôture des séances éclata la guerre de l'Angleterre contre les Boërs. Quant à la Russie, elle redoubla d'énergie dans ses efforts pour s'approprier d'immenses territoires en Chine.

En 1902, alors que la Grande-Bretagne avait fait cause commune avec le Japon, Saint-Pétersbourg tenta avec insistance d'obtenir l'appui de l'Empire allemand pour ses desseins de conquêtes en Extrême Orient, en demandant un accord concernant ces régions. Mais M. de Bülow resta inaccessible, parce que prendre fait et cause pour les visées russes ne cadrait pas plus avec le principe de « la main libre » que servir les intentions de l'Angleterre.

L'Empire des tsars n'ayant pu ainsi obtenir d'aide positive tâcha du moins de se procurer les garanties nécessaires contre de soudains changements dans le Proche-Orient, tout en hâtant le moment d'exécuter ses projets en Extrême-Orient. Que d'ailleurs on ne perdît nullement de vue les anciens projets balkaniques, mais qu'on ne fît pour ainsi dire que les ajourner, c'est ce qui prouve le rapprochement particulièrement intime avec la Bulgarie, qui eut lieu précisément en 1902. En mai de la même année la Russie conclut avec cet Etat une convention militaire et lui promit assistance par les armes contre une attaque venant de l'Autriche-Hongrie ou de la Roumanie [2]. Mais lorsque la Bulgarie fit mine de disputer la Macédoine à la Turquie, qu'ensuite la Grèce et la Serbie

1. Comp. à ce sujet *Grande Politique,* vol. XV, pp. 139 et suiv. et le rapport présenté le 22 décembre 1923 par le premier sous-comité de la commission d'enquête parlementaire du Reichstag allemand.
2. *Ministère des Affaires Etrangères. Documents extraits des archives secrètes de la Russie,* n° 12 (éd. all.).

élevèrent également des prétentions sur cette province turque et que finalement l'agitation dans ce coin du sud-est de l'Europe fut accrue encore par l'assassinat du roi Alexandre, en juin 1903, et par l'élévation au trône de Pierre Karageorgewitch. l'Empire des tsars se hâta de prendre des mesures précises contre des surprises désagréables. Le 3 octobre 1903, à Mürzsteg, Nicolas II consentit à conclure avec l'Autriche-Hongrie un traité [1] qui établissait qu'afin d'éviter toute révolution la Russie et la Monarchie danubienne surveilleraient en commun en Macédoine l'exécution des réformes que les Puissances avaient exigées déjà antérieurement de la Turquie ? Ainsi fut momentanément contenue la conflagration menaçante. Les deux grandes rivales dirigeantes veilleraient en commun à l'ordre, et la Russie pourrait se vouer sans trop de soucis à ses affaires asiatiques.

En février 1904 éclata la guerre russo-japonaise qui dans, les milieux initiés, était considérée depuis assez longtemps comme inévitable. Il fut facile à l'Angleterre d'empêcher l'intervention de la France dont elle s'était progressivement rapprochée dans l'intervalle, de sorte qu'elle-même n'eut pas besoin de tirer l'épée. L'Allemagne observa une rigoureuse neutralité. L'Empire des tsars fut contraint d'affronter seul ce rude combat. La lutte acharnée de la race slave et de la race mongole en Extrême-Orient devint pour l'Europe un événement de la plus haute importance. Si, ainsi qu'on le lui a reproché, le gouvernement allemand avait été réellement animé du désir d'asservir les peuples voisins et d'usurper la domi-

---

1. Dr Alfred Francis Pribram : *Les traités secrets de l'Autriche-Hongrie* 1879-1914, vol. I, n° 261.

nation de l'Europe, c'eût été le moment de déclarer
sous un prétexte quelconque la guerre à la France,
puisqu'on pouvait être certain que la République
n'avait à attendre aucun secours de la part de son
alliée russe. En réalité, le gouvernement allemand ne
songea pas un seul instant à une telle action, quoique
l'occasion de rendre inoffensif l'encerclement franco-
russe fut extrêmement favorable. Il n'y a pas de
meilleure preuve du pacifisme absolu de l'Allemagne.
L'Autriche-Hongrie non plus ne profita pas de ce
moment favorable pour entreprendre une action
dans les Balkans. Les puissances centrales, en effet,
n'étaient animées que du désir de maintenir le *statu
quo*, parce qu'elles y voyaient la meilleure sauve-
garde de leurs propres intérêts.

D'autre part, l'Angleterre et la France crurent le
moment venu de régler définitivement les divergences qui existaient entre elles et, de plus, de conclure une entente intime. A Paris, naturellement, le
désir de s'appuyer sur l'Empire mondial britannique
ne faisait que croître depuis que l'amie slave se trouvait engagée dans une aventure guerrière, et d'autant
plus qu'on vit bientôt que cette aventure ne prenait
pas une tournure favorable, mais au contraire aurait
pour conséquence l'affaiblissement de la Russie. L'entente concernant le Maroc avait lentement progressé
depuis 1901, ainsi que nous l'avons indiqué. Le 10
mai 1903, le baron d'Eckardtstein, dans un rapport
au chancelier d'empire, avait exprimé l'avis « que les
négociations franco-anglaises au sujet d'un règlement
des différends en suspens ont été reprises de nouveau
et cette fois-ci avec grande probabilité de succès »[1]
Peu auparavant, le roi d'Angleterre, Edouard VII,

---

1. *Grande Politique*, vol. XVII, p. 568.

avait trouvé un accueil des plus aimables lors d'une visite à Paris. En automne de la même année, le bruit arriva de Londres que M. Delcassé avait fait soumettre aux Anglais une proposition d'entente coloniale, mais qu'il avait reçu de Lord Lansdowne [1] une réponse négative.

Le 8 avril 1904, l'accord était un fait accompli. Ce jour-là furent signés par la France et l'Angleterre des traités qui liquidaient toutes les questions jusque-là en litige entre les deux pays dans les autres continents. Leurs prétentions respectives à Terre-Neuve, à Madagascar, aux Nouvelles-Hébrides et au Siam furent réglées. Mais avant tout on aboutit à un accord sur les zones d'influence en Afrique septentrionale. La France laissa les mains libres au Royaume insulaire en Egypte, et la Grande-Bretagne accorda à la République l'équivalent au Maroc en lui reconnaissant le droit d'y « veiller à la tranquillité » et « de prêter assistance dans toutes les réformes administratives économiques, financières et militaires ». Ces accords furent publiés aussitôt. En même temps avait été conclu un arrangement secret qu'on ne fit connaître qu'en 1911, et qui portait beaucoup plus loin. Le gouvernement anglais aurait le droit d'exécuter en Egypte des réformes déterminées dans le but d'y affermir sa domination, tandis que le gouvernement français pourrait présenter des propositions analogues au Maroc. En outre, une partie du Maroc devait être offerte à l'Espagne.

Les arrangements brièvement relatés ici signifiaient non seulement l'élimination de toutes les causes de dissension qui avaient existé jusque-là entre l'Angleterre et la France, mais de plus une union

---

1. *Grande Politique*, vol. XVIII, pp. 761 et suiv.

étroite pour l'avenir. Les deux États en s'accordant
leur appui diplomatique pour leurs projets en Egypte
et au Maroc voulaient garantir en commun leurs intérêts contre l'immixtion éventuelle de puissances
étrangères. Il n'y avait pas d'alliance générale mais
bien ce qu'on appela une entente cordiale. La situation politique s'était ainsi transformée d'un seul coup.
Les deux puissances occidentales de l'Europe s'é-
taient donné la main et l'antagonisme anglo-français,
toujours particulièrement favorable à la sécurité de
l'Allemagne, avait disparu. Avant tout c'était pour
la France un nouveau et extraordinairement grand
succès, et M. Delcassé, le zélé partisan de la revanche
sur le voisin allemand, pouvait être vraiment satisfait de son succès. Dès cette époque, il visait à la cré-
tion de la Triple-Entente, en proposant d'étendre l'entente cordiale à la Russie [1]. A Londres, on n'y put
encore consentir, ne fût-ce que par égard pour le
Japon, alors en guerre avec la Russie.

Mais ainsi que nous allons le voir, M. Delcassé
réussit bientôt à donner à l'entente avec l'Angleterre
une tendance anti-allemande, de plus en plus pro-
noncée. A Berlin, on essaya de faire échec à la volte-
face de l'Angleterre par un contre-coup. La situation de la Russie était devenue plus difficile de mois
en mois. Le sort des armes était favorable aux Japonais. Quand, en octobre 1904 survint un vif incident
entre Londres et Saint-Pétersbourg, des navires de
guerre russes ayant bombardé par erreur des bateaux
de pêche anglais près du banc des Doggers, l'empereur Guillaume II profita de l'occasion pour soumettre au tsar Nicolas II, par un télégramme du 27 octobre 1904, qui avait été approuvé par le Département

------

1. *Grande Politique*, vol. XVIII, 2, p. 761.

des Affaires Etrangères, l'idée émise déjà antérieurement d'une entente des trois puissances continentales : l'Allemagne, la Russie et la France [1]. Le Tsar
donna son assentiment par réponse immédiate [2]
en priant l'Empereur de lui envoyer les grandes
lignes d'un tel arrangement [3]. Guillaume II répondit par une lettre qui contenait le projet d'un traité
défensif entre l'Allemagne et la Russie. Il s'ensuivit
une assez longue correspondance qui mit en évidence
que la participation prévue de la France à cet accord
était le point faible de tout le projet. Le 23 novembre, Nicolas II demanda qu'on communiquât le
traité à Paris avant de le signer [4]. l'Allemagne ne
put avec raison que repousser cette démarche comme
dangereuse et, ainsi l'accord tomba à l'eau. Il n'est
pas douteux que le ministre russe des Affaires Etrangères, le comte Lambsdorff, n'ait contribué à ce résultat négatif.

Entre temps, les Français commençaient à retirer les fruits de leurs arrangements avec les Anglais.
Ils se mirent à s'étendre peu à peu au Maroc et à
mener cette politique d'annexion silencieuse à laquelle
on a donné le beau nom de « pénétration pacifique ».
Le 3 octobre 1904, ils aboutirent à un arrangement
avec l'Espagne, à laquelle on attribua principalement
la zone du littoral au nord du Maroc à l'exception
de Fez. Toute cette action était, de même que le
traité secret entre Londres et Paris, en contradiction directe avec les engagements que les puissances
avaient antérieurement pris à Madrid au sujet de la

---

1. *Grande Politique*, vol. XIX, p.p 303 et suiv.
2. *Grande Politique*, vol. XIX, pp. 305 et suiv.
3. *Grande Politique*, vol. XIX, p. 306 et W. Goetz. *Lettres de Guillaume II au Tsar*, p. 346.
4. *Grande Politique*, vol. XIX, p. 317.

région nord-africaine et par lesquels il avait été convenu qu'aucun pays ne pourrait faire infraction aux traités internationaux sans le consentement de tous les autres. Quand il devint évident que la République française, s'appuyant sur la Grande-Bretagne, agissait entièrement de son propre chef et étendait son influence à son gré, tandis qu'on négligeait purement et simplement l'Allemagne, on se décida à Berlin, au printemps 1905, à un geste de protestation retentissant. L'empereur Guillaume II se laissa persuader, bien que personnellement cette démarche lui déplût vivement, de débarquer le 31 mars à Tanger, à l'occasion d'un voyage dans la Méditerranée, et d'exprimer ainsi le désir allemand de voir le Sultan du Maroc conserver son indépendance. En arrangeant cette scène tapageuse, les dirigeants de la politique allemande avaient uniquement pour but d'attirer l'attention du monde sur le fait que leur pays avait lui aussi voix au chapitre et le droit d'élever certaines prétentions. Or chez la partie adverse, cette manifestation soudaine et théâtrale d'un désir bien justifié fut interprétée comme la preuve que l'Allemagne avait sérieusement l'intention de barrer la route à la France, et tant la presse anglaise que la presse française se mirent à pousser des cris d'indignation.

M. Delcassé, l'instigateur principal de la politique française au Maroc, profita immédiatement de l'occasion pour obtenir de l'Angleterre d'importantes concessions pour un appui éventuel en cas de guerre. De fait, le gouvernement anglais autorisa des discussions directes entre l'attaché naval français à Londres et le chef de l'amirauté britannique, Lord Fisher, ainsi que des discussions par intermédiaire de l'attaché militaire français à Londres et l'Office de guerre britannique [1]. Nous ne savons pas encore exactement ce qui fut décidé dans ces discussions, car les indications à ce sujet varient. Probablement mit-on déjà en évidence, pour le cas d'un conflit armé entre la France et l'Allemagne, le débarquement de troupes anglaises sur le continent [2].

A Berlin, où l'on était bien loin de vouloir tirer l'épée, on persista dans l'attitude prise, et par une forte pression on obtint enfin que M. Delcassé, qui n'avait plus derrière lui la majorité de la Chambre, donnât sa démission au début de juin 1905. Ce fut incontestablement un succès, car ainsi disparaissait un adversaire habile et résolu. Mais on ne chercha pas ensuite à s'arranger avec les Français, qui dans ce conflit avaient essuyé un échec diplomatique, et à entamer avec eux des discussions directes qui auraient permis de profiter des dispositions conciliantes auxquelles cet échec avait amené le gouvernement français. Invoquant le principe qu'au Maroc l'égalité des droits économiques appartenait à toutes les nations, on s'obstina à proposer une conférence internationale où toutes pourraient se faire entendre.

Pendant que ces événements se déroulaient en Occident, l'Empire des tsars essuyait en Extrême-Orient revers sur revers dans sa lutte avec le Japon. En mai, la flotte russe était anéantie à Tsou-Shima. En Russie se manifestaient des symptômes révolutionnaires qui donnaient à réfléchir. Saint-Pétersbourg dut se résigner à accepter la médiation du président américain Roosevelt, qui aboutit le 5 septembre à la conclusion de la paix de Portsmouth. La

---

1. Lord GREY, 25 *ans de politique*, vol. I, pp. 78 et 79. Comp. aussi article de Delcassé dans le « Matin » du 7 octobre 1905.

2. Voir J.-A. FARRER, *Politique européenne sous Edouard VII*, p. 109. — *Blunts Diarios*, I, p. 381.

grande puissance slave rendait la liberté à la Corée et à la Mandchourie et cédait au vainqueur ses possessions à bail en Extrême-Orient. Ainsi se terminèrent dans ces pays lointains les orgueilleux projets d'expansion de la Russie.

Dès qu'on put prévoir un tel événement, l'empereur Guillaume fit une nouvelle tentative pour améliorer la situation générale de l'Allemagne par une alliance avec la Russie. Nicolas II, profondément découragé par ses revers, proposa lui-même au souverain allemand une entrevue secrète dans les écueils finnois, près de Bjoerkœ [1]. On tira alors des archives le projet cité ci-dessus d'un traité défensif. L'Empereur, qui séjournait dans la Baltique pour sa santé, envoya une dépêche à M. de Bülow, et celui-ci, qui se trouvait justement à Norderney, s'adressa à M. de Holstein pour avoir son avis. M. de Holstein envoya le texte de l'ancien projet en ajoutant qu'il valait mieux attendre [2] que l'initiative vînt de la partie adverse. Le chancelier se rallia sans réserve à ce point de vue [3], et, deux jours plus tard, le 24 juillet, la nouvelle arriva de Bjoerkœ que le Tsar venait de signer le traité [4]. L'empereur Guillaume décrivit l'événement dans une lettre détaillée qu'il adressa à M. de Bülow [5] et qui permet de pénétrer au fond de son état d'âme d'alors. Il débordait de joie d'avoir réussi un aussi bon coup pour son pays : « Ce que la Russie dans son orgueil refusait l'hiver dernier, et ce qu'elle cherchait, dans sa soif d'intrigues, à tourner à notre détriment, aujourd'hui, abaissée par la

---

1. *Grande Politique*, vol. XIX 2, p. 435.
2. *Grande Politique*, vol. XIX 2, p. 439.
3. *Grande Politique*, vol. XIX 2, p. 444.
4. *Grande Politique*, vol. XIX 2, p. 452.
5. *Grande Politique*, vol. XIX 2, p. 458.

main redoutable, dure et impérieuse du Seigneur, elle l'a accepté avec joie, comme un beau cadeau. » Ainsi débute le récit de l'Empereur, qui raconte plus loin combien le Tsar fut touché de leur entrevue, comment le deuxième jour, sur le yacht impérial russe, la conversation tomba pendant le déjeuner, sur l'Angleterre dont l'attitude causait beaucoup de soucis à Nicolas II, comment les deux monarques se rendirent ensuite dans la cabine de feu le tsar Alexandre III, et comment alors, lui, l'empereur d'Allemagne, tira de sa poche le traité d'alliance et le déplia devant le tsar : « Il lut et relut, puis lut encore une fois le texte qui vous a déjà été communiqué. J'adressai une prière fervente au Seigneur pour qu'il voulût bien être avec nous et guider le jeune souverain. Le silence était profond, seule la mer bruissait et le soleil éclairait gaîment la cabine confortable. Juste en face de moi se trouvait, étincelant de blancheur, le « Hohenzollern » surmonté de l'étendard impérial qui flottait dans le vent matinal. Juste au moment où je lisais sur la croix noire de l'étendard les lettres : « Dieu nous protège (Gott mit uns) la voix du Tsar prononça à côté de moi : «C'est absolument parfait, je consens ». Mon cœur bat si fort à ces mots que je rassemble mes forces et lui dis d'un air dégagé : « Vous plairait-il de signer ? Cela serait un bien joli souvenir de notre entrevue. » Il parcourut encore une fois la feuille, puis il dit : «Oui, je veux bien.» J'ouvris l'encrier, je lui tendis la plume et il signa d'une main ferme « Nicolas », puis il me passa la plume, je signai et, lorsque je me levai, il me serra dans ses bras...» On ne saurait lire ces lignes sans quelque émotion, parce qu'elles dénotent une joie sincère et sans mélange. La mentalité de Guillaume II, ses sentiments débordants, l'enthousiasme presque naïf que lui inspirait la bonne œuvre accomplie, le mélange de piété et de suffisance qui lui est particulier, tout cela s'offre à nous ici dans toute sa force prime-sautière.

Mais qu'en était-il dans la brutale réalité ? L'œuvre que les deux monarques avaient accomplie dans un moment d'émotion résisterait-elle à l'épreuve ? Les désillusions n'arrivèrent que trop tôt. La première douche froide provint de M. de Bülow. L'empereur d'Allemagne avait, en effet, modifié un passage du texte de l'accord qui lui avait été envoyé. Dans sa rédaction primitive, le premier article disait. « Dans le cas où l'un des deux Empires serait attaqué par une puissance européenne, l'allié l'aidera avec toutes ses forces de terre et de mer. » Guillaume II, afin d'exclure des obligations pour l'Allemagne en dehors du continent, avait écrit : « L'allié l'aidera avec toutes ses forces, en Europe... » Le chancelier, qui tout d'abord avait concédé qu'« un grand coup avait été réussi par la signature du traité »[1], fut d'avis que cette intercalation était préjudiciable à l'Allemagne. M. de Holstein lui aussi estima qu'en cas d'une guerre anglo-allemande, la Russie ne serait plus tenue à marcher contre les Indes, tandis qu'en Europe même son aide militaire serait sans valeur pendant de longues années à cause de la défaite que lui avait infligée le Japon[2]. L'Empereur se défendit contre ces objections et s'en tint ferme à son point de vue. Là-dessus, M. de Bülow menaça de donner sa démission, parce qu'il ne pouvait prendre sur lui la responsabilité de l'accord tel qu'il avait été conclu[3]. Le but auquel il tendait en agissant ainsi n'est pas bien clair.

1. *Grande Politique*, vol. XIX 2, pp. 471-472.
2. *Grande Ploitique*, vol. XIX 2, p. 475.
3. *Grande Ploitique*, vol. XIX 2, p. 481.

La lettre qu'il écrivit à ce sujet à M. de Holstein manque dans les dossiers. Trouvait-il que le monarque s'était trop émancipé et voulait-il l'engager à agir à l'avenir un peu moins de sa propre autorité ? Nous l'ignorons. Quoi qu'il en soit, Guillaume II fut comme frappé de la foudre par l'attitude de son premier conseiller. Il écrivit à M. de Bülow une lettre qui montre sa profonde stupeur et dans laquelle il va jusqu'à déclarer qu'il ne survivrait pas à une demande de démission du chancelier [1]. Les choses en restèrent là et M. de Holstein fut d'avis qu'on évitât de faire à Saint-Pétersbourg aucune proposition de modification du traité, afin de ne pas fournir aux Russes de prétexte pour faire des difficultés. De toute façon, ces difficultés ne tardèrent pas à se présenter. M. Witte, le président russe du Conseil des ministres avec lequel l'Empereur discuta personnellement la convention le 21 septembre 1905, à Rominten, se montra pleinement d'accord et alla même jusqu'à proposer que tout d'abord « afin de gagner peu à peu la France et de préparer le monde à ce grand événement » les ambassadeurs d'Allemagne et de Russie devaient être invités à coopérer étroitement à l'avenir. Mais peu de temps après recommença la vieille résistance du ministre des Affaires Étrangères, le comte Lambsdorff. A son instigation, on demanda au gouvernement français ce qu'il pensait d'une alliance continentale et le 5 octobre l'ambassadeur du Tsar à Paris, M. Nélidoff, rapporta que M. Rouvier, président du Conseil des ministres français, avait répondu négativement en déclarant : « D'ailleurs, nous avons une alliance et qui nous suffit : c'est vous (la Russie). Et nous voulons nous y tenir. Mais en aucun cas nous ne

---

1. *Grande Politique*, vol. XIX 2, p. 496.

voulons nous mêler à n'importe quelles combinaisons [1]. » Ainsi le plan tout entier échouait devant la
résistance de la France qui, précisément alors, après
son entente avec l'Angleterre, était moins disposée
que jamais à faire cause commune avec l'Allemagne.
Le 23 novembre 1905, Nicolas II écrivit à l'empereur
Guillaume qu'il était à craindre que la France n'adhé-
rât pas à l'alliance, et qu'il proposait donc d'ajouter
une clause d'après laquelle l'aide mutuelle ne se produirait pas en cas d'une guerre franco-allemande.
Par là tout l'arrangement devenait caduc et le beau
rêve s'évanouissait au bout de peu de mois.

A partir de ce moment, la situation de l'Allemagne
s'assombrit à vue d'œil. Vers la fin de 1905 le ministère conservateur qui avait été jusque-là au pouvoir
en Angleterre fut renversé et remplacé par un ministère libéral sous la présidence de M. Campbell Banner-
man. Le nouveau ministre des Affaires Etrangères
Sir E. Grey, fut à peine entré en fonction que l'ambassadeur de France à Londres, M. Paul Cambon,
lui demanda de la part de son gouvernement dans
quelle mesure la Grande-Bretagne serait prête à accorder « un appui militaire à la France si à la prochaine
conférence d'Algésiras on en venait à une rupture
entre Paris et Berlin et, par conséquent, à la guerre
avec l'Allemagne » [2] Sir E. Grey, qui selon ses dires
n'était pas encore au courant de la situation, fit une
réponse un peu vague, évita une promesse précise,
mais donna comme « sa manière de voir personnelle »
« que l'opinion publique de l'Angleterre réagirait
très fortement en faveur de la France, si l'Allemagne
attaquait la France à la suite d'une question qui naî-

---

1. *Krasny-Archive,* vol. V:
2. GREY, 25 *années de politique,* pp. 75-76.

trait de l'accord anglo-français concernant l'Égypte
et le Maroc. » Il ajouta que les événements dépen-
draient des circonstances. Finalement il déclara
qu'il serait « opportun » qu'en attendant il y eût un
échange d'idées non-officiel entre l'amirauté anglaise
et le ministère anglais de la guerre d'une part, et les
attachés naval et militaire français d'autre part pour
discuter de ce qu'il conviendrait de faire, si les deux
pays étaient alliés dans une guerre contre l'Allemagne. Ceci était naturellement un accueil plein de promesses pour les désirs français. Sir Edward Grey
allait plus loin encore que Lord Lansdowne dans la
voie des concessions, puisqu'il autorisait, dans le
domaine militaire aussi, l'entente directe qui jusque-
là n'avait eu lieu qu'entre les états-majors des deux
amirautés. M. Campbell-Bannerman, quand il apprit
la chose, exprima la crainte que par des discussions
de ce genre ne fût créé pour la Grande-Bretagne « un
engagement envers la France ou tout au moins une
sorte d'accord tacite » [1]. Et aujourd'hui Sir Edward
Grey lui-même donne raison à M. Campbell-Bannerman en avouant qu'il aurait peut-être bien partagé
cette crainte « s'il avait eu plus d'expérience » Fût-ce
réellement l'inexpérience du nouveau ministre des
Affaires Étrangères ou une conséquence de sa conviction personnelle, également ouvertement avouée,
que l'Angleterre « devait secourir la France » [2] si
l'Allemagne contraignait celle-ci à faire la guerre
quoi qu'il en soit, l'acte de Sir Edward Grey amena
le résultat néfaste que les conférences entre les états-
majors des armées de terre et de mer françaises et
anglaises aboutirent rapidement à des accords nette-

---

1. GREY, 25 *années de politique*, pp. 87-88.
2. GREY, 25 *années de politique*, p. 80.

ment définis et minutieusement détaillés concernant
les actions sur terre et sur mer qui devaient être
entreprises en commun au cas d'un conflit armé avec
l'Allemagne. Cela ne signifiait-il pas un fort encoura-
gement pour un gouvernement qui serait enclin à la
revanche ? Mais, abstraction faite de ces considérations, toute l'attitude de Sir Edward Grey que nous
venons de décrire, caractérise le formidable revirement politique qui s'était opéré à Londres depuis
l'entente avec la France. En principe, on était prêt à
courir au secours de la France si elle était attaquée,
tandis que peu d'années auparavant il n'aurait pu
en être question. Si donc l'Allemagne paraissait être
la perturbatrice de l'ordre, la République, en vertu
de ses conventions, pouvait compter non seulement
sur l'aide de la Russie, mais aussi sur celle de la
Grande-Bretagne.

Lorsque le 16 janvier 1906 s'ouvrit la conférence
d'Algésiras qui devait régler la question du Maroc, il
apparut avec une évidence effrayante que l'Allemagne ne pouvait compter que sur l'appui diplomatique
de l'Autriche-Hongrie. Tous les autres Etats tenaient
pour la France. La Russie et l'Angleterre, parce qu'elles étaient plus ou moins ses alliées, l'Espagne, avant
tout parce qu'elle n'osait rien entreprendre contre
l'Angleterre, et l'Italie parce qu'elle pensait à ses intérêts en Tripolitaine. Ainsi le point de vue défendu par
Berlin, d'une égalité de droits aussi étendue que possible des Etats, ne trouva qu'un appui platonique, et
ce furent les prétentions de la partie adverse qui
l'emportèrent. On reconnut pour la forme l'indépendance du sultan du Maroc et le principe de la porte
ouverte en matière économique, mais la police des
ports du Maroc passa entre les mains de la France et
de l'Espagne, et la République obtint également d'im-

portantes concessions dans le domaine financier. L'inspirateur de la Wilhelmstrasse, M. von Holstein, qui dut reconnaître pendant les négociations dans quelle situation défavorable l'Allemagne était tombée, proposa, cédant à la mauvaise humeur que lui causait ce fait affligeant, — auquel sa propre politique n'avait pas peu contribué — que l'Allemagne fît échouer la conférence. Sa proposition ayant été rejetée, il donna sa démission, qui fut acceptée le 8 avril 1906, sans doute bien contrairement à son attente. C'est ainsi qu'il se retira après de longues années d'activité. Il mourut quelques années plus tard profondément aigri et dans un isolement presque complet. Malheureusement sa retraite n'eut lieu qu'à un moment où les fautes fatales qu'il avait commises étaient devenues irréparables, parce que les forces hostiles à l'Allemagne avaient déjà eu l'occasion de s'unir étroitement et d'entrer partout en action.

Peu après la conférence d'Algésiras se produisit un événement décisif : le tsar Nicolas II confia, en mai 1906, le poste de ministre des Affaires étrangères à Alexandre Pétrovitch Iswolski. Ce diplomate avait été de tout temps un chaud partisan d'une entente de la Russie avec les puissances occidentales. Il s'était déclaré contre l'aventure en Extrême-Orient et maintenant que le cours des événements lui avait donné raison, il semblait être l'homme providentiel pour diriger les affaires extérieures de sa patrie. Il nous a renseigné lui-même sur son orientation politique [1]. Il raconte dans ses Mémoires que, peu de temps avant sa nomination définitive et dans la sûre attente du poste qui lui était destiné, il se rencontra

---

1. *Mémoires d'Alexandre Iswolski* 1906-1901, Paris, pp. 60 et suiv.

avec trois autres diplomates russes, les ambassadeurs
à Londres, Paris et Rome, et qu'il discuta avec eux
la direction politique à prendre. La pierre fondamentale sur laquelle il édifiait ses considérations et ses
actes était la circonstance que l'Empire des tsars « était
depuis 15 ans lié à la France par un traité d'alliance
formel ». Selon ses propres paroles, il voyait un second
fait décisif dans la nouvelle amitié entre l'Angleterre
et la République française. Il en inférait que, si la
Russie voulait tirer de cette amitié « des avantages
durables et complets », il était évident qu'« elle devait
elle-même se rapprocher de l'Angleterre ». « En suivant une telle politique, la Russie non seulement
renforcerait sa situation comme alliée de la France,
mais encore donnerait une base nouvelle et solide à
l'édifice de la Double Entente. » La résolution prise
par M. Iswolski de se rapprocher de la Grande-Bretagne fut favorisée par la circonstance qu'à Londres
des tendances analogues étaient à l'œuvre depuis la
défaite de l'Empire des tsars dans la guerre contre le
Japon. Le gouvernement anglais partait avec pleine
raison du point de vue qu'à Saint-Pétersbourg on
était mûr pour un arrangement relatif aux nombreux
points litigieux en Asie. Avant la conclusion de la
paix de Portsmouth, le 12 août 1905, on avait renouvelé pour dix ans l'ancienne alliance avec le Japon,
et à cette occasion, on s'était fait assurer comme zone
d'influence le territoire limitrophe de l'Inde où la
Grande-Bretagne s'était heurtée depuis longtemps à
la Russie. Plus tard, on amena aussi la France à conclure un traité avec le Japon. Tout cela décida la
grande puissance slave à renoncer à ses vastes projets d'expansion en Extrême-Orient. Et comme au
même moment, par des démonstrations impression-
nantes telles que la réception solennelle des mem-

bres de la Douma et d'autres analogues, Londres laissait entrevoir qu'on était prêt à la réconciliation, l'orientation de M. Iswolski que nous venons d'indiquer parut être la nécessité de l'heure.

Une entente avec l'Angleterre n'était évidemment possible pour la Russie que si le vieux différend avec l'allié de l'Empire mondial britannique, le Japon, était entièrement liquidé. Ainsi le nouveau ministre russe des Affaires Étrangères conclut, le 30 juillet 1907, un traité qui écartait toutes les causes de dissension encore existantes et délimitait les zones d'intérêts respectives en Chine. Dorénavant la voie pour un arrangement avec la Grande-Bretagne elle-même était ouverte. Le 31 août 1907 fut conclue la convention anglo-russe dont le but était d'écarter au Thibet, en Afghanistan et en Perse, tous les désaccords régnant entre les deux États. Voici ce que le chargé d'affaires allemand à Saint-Pétersbourg rapporte le 25 septembre [1] au sujet de cette convention : « D'après les stipulations concernant le Thibet, les deux puissances, reconnaissant la souveraineté de la Chine, renoncent à toute immixtion dans les affaires intérieures... et s'engagent à ne pas envoyer de mission scientifique au Thibet dans le courant des trois prochaines années... Une plus grande importance revient aux accords sur l'Afghanistan où l'Angleterre a su se faire attribuer la part du lion. Exception faite de l'égalité de droit en matière de commerce la Russie n'a plus à faire valoir là-bas de droits d'aucune espèce... En Perse, la Russie a obtenu davantage... La Perse du nord, soumise à l'influence russe. n'est pas, comme on pourrait le croire, limitée par une ligne droite... mais cette ligne fait une forte

---

1. *Grande Politique*, vol. XXV 1, p. 43.

courbe vers le sud, de sorte... qu'elle embrasse une grande partie de la Perse centrale. La zone d'influence anglaise s'étend du Bélouchistan jusqu'au... golfe Persique... La convention n'indique que partiellement le caractère qu'on a attribué au triangle situé entre les deux zones d'influence. » Assurément ce triangle devait rester territoire neutre.

Telles étaient les stipulations qui aplanissaient la voie entre Saint-Pétersbourg et Londres et qui écartaient les obstacles à une entente entre la Grande-Bretagne et l'Empire des tsars. Ce ne fut certainement pas un hasard si, peu après la signature de la convention, le commandant en chef de l'armée britannique, le général French, partit pour Saint-Pétersbourg afin d'y rendre visite, ainsi que l'ébruita le journal russe de la Bourse, « muni de pleins pouvoirs du roi Edouard »[1], à quelques ministres et personnalités haut placées et « afin de connaître l'armée russe ». Ceci indiquait que le rapprochement politique devait être suivi d'une prise de contact militaire.

Peu après, l'entente entre la Russie et l'Angleterre fut encore notablement élargie par l'entrevue dite de Reval, le 9 juin 1908. Le roi d'Angleterre, accompagné de personnalités britanniques dirigeantes, parmi lesquelles se trouvaient le général French et le chef de la marine, Lord Fisher, s'y rencontra avec le Tsar et ses conseillers. On ignore encore quelle fut la matière des discussions. Toutefois, nous pouvons conclure de certaines indices qu'on traita de questions très graves. D'une lettre adressée par M. Iswolski à l'ambassadeur de Russie à Londres, il ressort que le secrétaire d'état anglais Hardinge comptait avec

____

2. *Grande Politique*, vol. XXV 1, p. 49.

la possibilité d'une extrême tension entre la Grande-Bretagne et l'Allemagne « dans sept ou huit ans » et pour ce cas, attribuait à la Russie le rôle d'arbitre. [1] En outre, lord Fisher a raconté dans ses Mémoires qu'il avait recommandé aux Russes de rendre leur frontière occidentale du côté de l'Allemagne aussi solide que possible. [2] Et la revue anglaise « The Nation » émit la supposition qu'on avait pris des arrangements militaires positifs. [3]

Tout cela prouvait évidemment que l'entente franco-anglaise de 1904 avait été élargie par l'accession de la Russie. De ce fait, entre les deux groupes qui depuis 1892 se partageaient le continent, celui qui faisait opposition aux puissances centrales avait pris un accroissement formidable.

Si en 1899 lors du renouvellement de leur alliance, la Russie et la France pouvaient encore parler avec raison d'un maintien de « l'équilibre » européen, parce que leur bloc correspondait à peu près en grandeur et en puissance à celui de l'Allemagne, de l'Autriche-Hongrie et de l'Italie, l'équilibre était maintenant rompu et remplacé par la prépondérance de la Triple-Entente sur la Triple-Alliance. Encore faut-il tenir compte de ce que l'Italie n'était qu'en apparence membre de la Triple-Alliance. Le 16 juin 1906, l'ambassadeur d'Allemagne à Rome, le comte Monts, déclarait dans un mémorandum : « L'alliance germano-italienne est positivement stérile, vu qu'il ne faut pas songer à une aide active de l'Italie en cas de guerre. Jusqu'où va l'aide diplomatique de l'Italie, c'est ce qu'a démontré l'incident du Maroc [4] ». Le revirement était donc absolu. L'Empire allemand se trouvait seul avec la Monarchie danubienne.

---

1. Siebert, *Actes diplomatiques*, p. 777.
2. Fisher, *Mémoires*, p. 187.
3. *Grande Politique*, vol. XXV 2, p. 457.
4. *Grande Politique*, vol. XXI 2, p. 372.

IV

Lᴀ scission en deux groupes séparés des Etats
d'un continent ne représente pas nécessai-
rement une menace pour la paix de ce continent. On peut imaginer que chacun des deux
groupes défende les intérêts particuliers de ses membres sans entrer en conflit avec les intérêts de l'autre groupe. Il est évident toutefois que même ainsi,
conformément à ce qu'enseigne l'histoire, se dévelop-
pera très facilement une rivalité, même si cette rivalité n'avait pas été dès le début la véritable cause des
associations. Mais il y aura un réel danger si l'un des
deux groupes est animé d'intentions qui aillent directement à l'encontre des intérêts vitaux de l'autre.
Or qu'en était-il des deux camps entre lesquels nous
voyons l'Europe divisée en 1907 ?

Nous avons souligné à maintes reprises que l'Allemagne et l'Autriche-Hongrie à cette époque avaient
pris fait et cause pour le maintien du *statu quo* et
qu'elles devaient le faire en vertu des lois de leur
propre existence. Les évènements politiques, particulièrement pendant que la Russie était occupée et
affaiblie par la guerre d'Extrême-Orient, nous ont
prouvé avec une irréfutable évidence que sur ce point
aucune modification ne s'était produite.

Quant au parti adverse, nous avons déjà fait remarquer à propos de la formation de l'alliance franco-
russe qu'il y existait dès l'origine des tendances hostiles à la Triple-Alliance. Le Leitmotiv de la politi-

que française était l'idée de la revanche de 1870-71.
La Russie se trouvait dans les Balkans en opposition avec la Monarchie danubienne et les panslavistes russes réclamaient l'hégémonie de leur patrie sur
les petits Etats slaves. Si, dans les années 1891-1894,
la crainte d'une entente de l'Angleterre avec la Triple-Alliance avait, entre autres raisons, décidé
la Russie à l'alliance avec la France, cette crainte
n'existait plus en 1907 après la liquidation des questions en litige entre l'Empire des tsars et la Grande-
Bretagne. Nous allons voir que ce ne fut pas là la
moindre cause qui mit assez brutalement au premier
plan l'antagonisme entre la Russie et la Monarchie
danubienne.

Mais que peut-on établir au sujet de l'Angleterre ?
Poursuivait-elle des desseins contre les puissances
centrales ? L'entente avec la France et la Russie
tirait-elle uniquement son origine du désir de régler
définitivement les questions coloniales avec ces anciennes rivales, ou était-elle due en même temps au
besoin de prendre position contre les deux puissances centrales ? Pour répondre impartialement à cette
question, il faut s'en tenir uniquement aux faits, car
toutes les déclarations des hommes d'Etat sont toujours dictées par l'opportunité et prouvent fort peu
de chose pour qui cherche la vérité. La tendance anti-
allemande, qui existait déjà auparavant, a-t-elle eu
le dessus à Londres après l'échec des discussions
pour une entente avec l'Allemagne ou avec la Triple-Alliance ? C'est ce qu'il faut tirer au clair pour
comprendre la véritable signification de l'entente du
Royaume insulaire avec la Double-Alliance.

La forme même de cette entente comportait déjà
un caractère tout à fait spécial. Elle était élastique
et l'on ne pouvait parler d'alliances au sens propre

du mot. Mais nous avons déjà fait observer que, dans les deux cas, la tendance anti-allemande n'était point absente. L'« entente cordiale » avec la France avait pratiquement pour celle-ci la valeur d'un traité défensif, le ministre anglais des Affaires Etrangères ayant déclaré qu'une attaque allemande contre la République au sujet du Maroc déciderait la Grande-Bretagne à prêter son appui militaire à la France. Les discussions militaires entre Paris et Londres consenties par les hommes d'Etat britanniques doivent être considérées comme une autre concession à la tendance, anti-allemande. Elles furent évidemment poussées avec un grand zèle et un esprit de suite énergique, car dès 1906 l'état-major anglais fit une enquête approfondie sur la possibilité d'opérer sur les côtes septentrionales de France le débarquement de troupes que la Grande-Bretagne, en cas de nécessité, enverrait au secours de l'armée française contre les Allemands [1]. Jusqu'à quel point l'Angleterre s'était engagée avec la Russie, c'est ce que nous ignorons. Mais à toutes les indications sur des arrangements militaires pris à Reval s'ajoute le fait qu'Ernest Cassel, le financier anglais bien connu et l'ami intime du roi Edouard VII, avoua en juin 1908, dans un entretien avec le directeur de la *Hamburg-Amerika-Linie*, M. Ballin, que du côté anglais, on avait conseillé aux Russes à Reval « d'appliquer toute leur énergie à leur armée de terre » [2] : on en conclura à une attitude inquiétante de l'Angleterre. Car, contre qui les efforts de l'Empire des tsars pour perfectionner son armée auraient-ils été dirigés sinon contre ses voisins, l'Allemagne et l'Autriche-Hongrie ?

---

1. Comp. *Mémoires du Chef d'Etat-major belge Ducarne-B. Schwertfeger — Documents belges — Commentaires*, vol. II, pp. 100 et suiv.
2. *Grande Politique*, vol. XXIV, p. 53.

Nous possédons d'autres preuves évidentes que pendant ces années l'Angleterre, non seulement s'éloigna de la Triple-Alliance, mais avant tout se tourna directement contre Allemagne. Depuis 1901, l'opinion publique en Angleterre se montrait de plus en plus hostile à l'Empire allemand. Des journaux influents parlaient de plus en plus haut du péril allemand. Les pires bruits sur une attaque méditée contre le Royaume insulaire par l'empereur Guillaume II furent mis en circulation et trouvèrent crédit dans bien des milieux. Si l'on visait par là à rendre populaire l'entente avec la République française et avec l'Empire absolutiste des tsars, le procédé était tout au moins extrêmement dangereux, car le peuple se monta aussitôt la tête contre le prétendu rival. En même temps, le gouvernement anglais prit certaines mesures qui pouvaient faire penser que l'excitation de l'opinion publique n'était pas pour lui déplaire. En effet, en 1905, l'amirauté britannique transféra dans la mer du Nord une grande partie de la flotte anglaise, qui était devenue libre dans la Méditerrannée et en d'autres lieux par suite de l'accord avec la France. Cela signifiait une menace évidente contre l'Allemagne. Comme motif véritable de l'attitude en question, on insista de plus en plus sur ce que Berlin se mettait tout de bon à construire une flotte allemande. En 1900, M. von Tirpitz, le nouveau Secrétaire d'Etat de l'Office de la marine, avait présenté un programme naval qui n'avait été que partiellement approuvé par le Reichstag et qui, dans tous les cas, ne représentait que le premier germe de la création d'une puissance maritime. En dépit du peu d'importance de ces armements, les Anglais déclarèrent qu'ils constituaient un danger menaçant pour leur domination des océans [1], jusque-là incontestée. Le 3 février 1905 le Lord civil de l'amirauté britannique, M. Lee, prononça un discours public dans lequel il recommanda l'attaque soudaine et la destruction de la flotte allemande par la flotte anglaise, attaque à laquelle le mieux serait de procéder sans déclaration de guerre préalable.

En présence de tous ces événements, il faut conclure à l'existence en Angleterre de milieux influents qui voyaient dans l'entente avec la Double-Alliance une arme qu'en cas de besoin ou pourrait tourner utilement contre l'Allemagne. La Triple-Entente était ainsi une association politique qui, dès la première heure, portait en elle des germes dangereux. Grâce à une série d'évènements, ces germes ne tardèrent pas à se développer.

La renonciation de la Russie à ses visées asiatiques fit que la grande puissance slave se tourna de nouveau vers l'Europe pour tenter d'y réaliser des buts de vieille date. Le changement infiniment important qui se produisit de ce fait a été caractérisé en janvier 1908 par le comte Pourtalès, ambassadeur d'Allemagne à Saint-Pétersbourg, en ces termes : « La politique traditionnelle et les intérêts vitaux de la Russie la poussent de nouveau, puisqu'elle a été refoulée en Extrême-Orient, vers le Proche-Orient et vers la possibilité d'obtenir sur mer, par la domination des Détroits, une issue qui ne soit pas bloquée par les glaces pendant une grande partie de l'année. [2] » Or, les visées à la domination des détroits de Constantinople marchaient de front avec le désir d'hégémonie dans les Balkans, désir qui

---

1. *Grande Politique,* vol. XIX 2, p. 599.
2. *Grande Politique,* vol. XXV 2, p. 385.

d'autre part comportait un antagonisme de plus en plus accentué avec la Monarchie danubienne. Il est vrai que, ainsi que nous le savons, des arrangements avaient été pris à Mürzsteg entre la Russie et l'Autriche-Hongrie, stipulant entre les deux puissances une coopération étroite au maintien du *statuquo*. Tant que de tels arrangements existaient, il ne pouvait être question d'une action unilatérale de l'Empire des tsars. Mais l'occasion s'offrit bien vite à M. Iswolski de se retirer de la convention de 1903.

Au début de 1908, en effet, le nouveau ministre autrichien des Affaires Etrangères, le baron d'Aehrenthal, surprit le monde politique par un projet de construction de chemin de fer à travers le Sandjak[1]. Le Sandjak, ainsi que la Bosnie et l'Herzégovine, faisait partie des provinces turques dont l'occupation militaire avait été confiée à la Monarchie danubienne par le traité de Berlin de 1878. Au point de vue du droit, l'action de l'homme d'Etat autrichien était inattaquable. D'ailleurs Aehrenthal avait préalablement informé M. Iswolski de son intention et s'était assuré l'assentiment du gouvernement ottoman. Mais quand il annonça publiquement le projet devant les délégations hongroises, éclata en Russie une tempête de protestations avec laquelle les journaux anglais et français firent chorus. A Saint-Pétersbourg on convint, derrière les coulisses il est vrai, que la conduite d'Aehrenthal était juridiquement inattaquable et que seul le moment de l'exécution était mal choisi,[2] mais publiquement on représenta le fait comme une grave infraction à l'accord de Mürzsteg et M. Iswolski exprima aussitôt son inten-

---

1. *Grande Politique*, vol. XXV 2, p. 385.
2. *Grande Politique*, vol. XXV 2, p. 313.

tion de suivre de son côté ses propres voies. Il tenait
un prétexte qui intervenait fort à propos et sans
aucun doute il fut encouragé dans son attitude par
l'Angleterre. L'ambassadeur britannique à Saint-
Pétersbourg, Sir Arthur Nicolson, fit tous ses efforts
pour aiguiller l'Empire des tsars dans une voie opposée à celle des puissances centrales. On ne se borna,
pas à répandre le bruit que l'Allemagne se trouvait
derrière le projet du chemin de fer du Sandjak. Le
2 février 1908, M. Iswolski déclara dans une séance
secrète du conseil russe que Nicolson avait envisagé
la perspective d'une coopération de la Russie et de
l'Angleterre dans le Proche-Orient [1]. Et désormais
on agit en conséquence. Peu de temps après les alliés
mirent en discussion la question de nouvelles réformes à introduire en Macédoine. Londres prépara un
très vaste projet qui proposait un contrôle interna-
tional sur ce territoire turc. La contre-proposition
russe resta, il est vrai, en deçà des exigences anglaises, tout en demandant l'égalité des droits pour toutes les puissances signataires du traité de Berlin, et
en abrogeant de cette façon les arrangements particuliers de Mürzsteg [2]. Ainsi fut brisée la barrière
gênante de l'accord avec la Monarchie danubienne.
Dorénavant l'Empire des tsars était libre de marcher
la main dans la main avec la Grande-Bretagne dans
les questions d'Orient.

Encouragé par ses succès, Iswolski entreprit
peu de mois plus tard une nouvelle action dans le
Proche-Orient, en visant directement le but ultime
si ardemment désiré : les détroits de Constantinople [3]. Quand en été 1908 le parti des Jeunes Turcs

---

1. *Grande Politique*, vol. XXV 2, p. 398.
2. M. Pokrowski, *Trois conférences*, pp. 17 et suiv.
3. *Grande Politique*, vol. XXVI 1, p. 1 et suiv.

fut arrivé au pouvoir par une révolution dans la capitale de l'Empire et comme chacun s'attendait à ce que l'homme malade du Bosphore, ainsi qu'on appelait volontiers la Turquie, à cause de sa faiblesse politique, reprît toute sa puissante vitalité, le ministre russe des Affaires Etrangères, par une lettre officielle adressée le 2 juillet au gouvernement autrichien proposa une discussion amicale portant avant tout sur deux questions complexes : 1º la situation des districts turcs occupés par l'Autriche-Hongrie : Bosnie-Herzégovine et Sandjak de Novibazar ; 2º les détroits de Constantinople.

L'initiative de M. Iswolski coïncidait avec un projet autrichien de procéder à l'annexion des provinces occupées. Le motif en était non seulement le changement de régime en Turquie, mais surtout la propagande serbe, qui, notamment en Bosnie, visait à la réunion de ces provinces à la Serbie et compromettait très gravement le résultat de trente années d'efforts dispendieux et pénibles que le gouvernement de Vienne avait consacrés au relèvement des pays occupés. Le 16 septembre eut lieu une entrevue entre MM. Iswolski et d'Aehrenthal au Château de Buchlau en Moravie, propriété du comte Berchtold, ambassadeur d'Autriche à Saint-Pétersbourg. Deux documents nous renseignent sur cette entrevue. L'un est une lettre privée du ministre autrichien des Affaires Etrangères au chancelier allemand et datée du 26 septembre [1], l'autre un rapport de M. von Schoen alors Secrétaire d'Etat au Département des Affaires Etrangères, daté du même jour et adressé également à Bülow [2]. M. d'Aehrenthal écrit qu'il a l'intention

---

1. *Grande Politique*, vol. XXVI, p. 35 et suiv.
2. *Grande Politique*, vol. XXVI, p. 39 et suiv.

d'annexer la Bosnie et l'Herzégovine et de renoncer, en guise de concession à la Turquie, à l'occupation du Sandjak. M. Iswolski « s'était déclaré d'accord sur le principe et l'avait assuré d'une attitude amicale de la Russie ». Par ailleurs le ministre russe des Affaires Etrangères « croyait le moment venu où il pourrait toucher à son grand but : une modification des dispositions concernant la question des Détroits». Il réclamait à juste titre pour les Etats riverains de la mer Noire « le droit de passage des détroits pour les navires de guerre isolés, et l'Autriche l'avait assuré de son attitude amicale à cet effet ». M. von Schoen, qui avait rencontré M. Iswolski immédiatement après l'entrevue de Buchlau, apprit de lui-même le résumé suivant des intentions de la Monarchie danubienne : « Annexion de la Bosnie et de l'Herzégovine, renonciation à la marche sur Salonique, retrait des garnisons du Sandjak, empressement à discuter avec la Russie les désirs de celle-ci concernant le libre passage des Détroits ». Nous voyons que les deux déclarations concordaient et il faut donc admettre que l'accord réciproque avait abouti. l'Autriche-Hongrie voulait arrondir son territoire et quant au reste renonçait à toute extension future dans les Balkans. La Russie voulait dans une certaine mesure faire cesser la fermeture des Détroits pour les navires de guerre étrangers afin d'ouvrir ainsi pour elle-même une issue sur la Méditerrannée. Le 23 septembre M. Iswolski écrivit de sa villa à Tegernsee une lettre à Aehrenthal pour lui annoncer qu'il avait envoyé à Saint-Pétersbourg, pour y être approuvé par le Tsar, le projet, modifié conformément aux pourparlers de Buchlau, d'une lettre officielle russe au gouvernement de la Double Monarchie. En outre, il priait le ministre autrichien des Affaires Etrangères de lui envoyer des nouvelles à Paris où il arriverait le 1er octobre. Tout jusque-là marchait comme sur des roulettes.

A cette époque M. Iswolski devait être assez fermement convaincu que les autres puissances approuveraient son idée d'une ouverture partielle des Détroits. Pour s'en assurer il partit pour une tournée diplomatique dans les grandes capitales d'Europe. Auparavant il se rencontra à Desio avec M. Tittoni, ministre italien des Affaires Etrangères. Celui-ci souleva déjà certaines objections et fut d'avis que les deux questions discutées à Buchlau : annexion de la Bosnie et de l'Herzégovine, et question des Détroits devaient être d'abord examinées par tous les gouvernements intéressés. L'arrivée de M. Iswolski à Paris, qui, comme nous l'avons vu, était fixée au 1er octobre fut un peu retardée. Quand le 4 octobre l'homme d'Etat russe se présenta au Quai d'Orsay, il apprit à son grand étonnement que l'ambassadeur d'Autriche avait remis la veille au Président de la République une lettre autographe de l'empereur François-Joseph qui annonçait la perspective d'une annexion de la Bosnie et de l'Herzégovine pour le 7 octobre et mentionnait l'assentiment russe donné à cette démarche. Ce n'est que dans l'après-midi de ce même 4 octobre que fut remise à M. Iswolski une lettre du baron d'Aehrenthal, en date du 30 septembre, qui annonçait la même nouvelle. Cette lettre dut subir un retard pour des raisons encore inconnues. Quoi qu'il en soit, le ministre des Affaires Etrangères de la Double Monarchie avait passé à l'action avant que le ministre russe des Affaires Etrangères eût eu l'occasion de mettre au point sa part dans l'affaire. Il est vrai que la surprise n'était pas excessive, car, à Buchlau déjà, le baron d'Aehrenthal avait indiqué le

9 octobre, jour de la réunion de la délégation hongroise à Budapest, comme la date à laquelle devait avoir lieu la publication officielle du projet d'annexion.

M. Iswolski avait encore assez bon courage durant son séjour à Paris. Il tranquillisa le ministre de la Serbie sur les intentions de Vienne en lui faisant remarquer que la renonciation de la Monarchie danubienne au Sandjak ouvrait à la Serbie l'agréable perspective d'un rapprochement avec le Monténégro [1]. En outre, il émit l'idée d'une conférence qui s'occuperait des affaires balkaniques et aussi du nouveau règlement de la question des Détroits. [2] Il espérait donc arriver à son but par cette voie.

Ce ne fut qu'à Londres, où il se rendit le 9 octobre, que les choses changèrent de face. Là, en effet, Iswolski apprit, ce qui ne fut pas une petite déception pour lui, que le gouvernement anglais ne voulait pas entendre parler d'une modification dans la question des Détroits [3]. Cette attitude correspondait à la politique britannique suivie par l'Angleterre depuis de longues années. Elle avait toujours empêché l'Empire des tsars de s'avancer jusqu'à Constantinople, ce qui eût menacé la route des Indes. Il est probable que M. Iswolski s'était bercé de l'illusion que dorénavant, grâce à la réconciliation entre Londres et Saint-Pétersbourg dont il avait pris l'initiative, cette opposition n'existait plus. C'était là une grave erreur. Le refus de l'Angleterre était un rude coup pour le ministre russe. Tout son beau plan de rapprocher de sa réalisation le but traditionnel de la Russie était réduit à néant. Quelle déconfiture pour lui aux yeux de ses

---

1. Boghitchévitch, *Les causes de la Guerre*, p. 152.
2. *Grande Politique*, vol. XVI, p. 133.
3. *Correspondance diplomatique d'Iswolski*, document 141.

compatriotes : L'Autriche-Hongrie, le pays rival, avait récolté un avantage notable, tandis que l'Empire dès tsars s'en allait les mains vides. A cela venait s'ajouter que, le jour même de la proclamation de l'annexion, la Bulgarie avait solennellement déclaré son indépendance, et cela sans avoir préalablement consulté sa grande sœur slave, mais d'accord avec Vienne. Il fallait donc craindre que, par dessus tout le reste, la Russie ne perdît une grande partie de son influence dans les Balkans. Le ministre des Affaires Étrangères du Tsar essuyait des défaites que les panslavistes et les patriotes russes ne lui pardonneraient jamais. Il craignit sérieusement de perdre son poste.

Cependant l'état d'esprit désespéré dans lequel il se trouva ne le porta point à se fâcher contre les Anglais. Il l'aurait voulu qu'il ne l'aurait pu, étant donné l'orientation générale de sa politique, et l'opinion publique de son pays ne l'aurait jamais suivi dans un revirement. Au contraire, entièrement d'accord en cela avec l'irritation de ses compatriotes, il tourna tout son amer ressentiment contre le baron d'Aehrenthal, qui, prétendait-il, l'avait odieusement trompé en procédant avec trop de hâte. Il alla même jusqu'à nier qu'il y eût eu des accords précis à Buchlau, afin de dégager ainsi sa responsabilité. Il aimait mieux jouer le rôle de dindon de la farce que celui de l'homme déçu dans ses espérances. Prétendre que l'Autrichien lui avait joué un mauvais tour le servait évidemment mieux que d'avouer sa propre imprudence. De cette façon l'annexion de la Bosnie et de l'Herzégovine apparaissait aux yeux du monde comme un coup de la Monarchie bicéphale, dont le chef politique n'avait pourtant fait autre chose que de gagner de vitesse son partenaire au dernier moment.

En Angleterre et en France éclata de nouveau une

tempête d'indignation. Toutefois, le plus inquiétant fut l'irritation de la Serbie où se produisirent pendant des mois de violentes démonstrations contre la dynastie des Habsbourg et où des agitateurs sans scrupules excitèrent le peuple à une action militaire sous prétexte que, particulièrement en Bosnie, l'élément serbe était fortement représenté dans la population. L'irritation générale ne tarda pas à se tourner aussi, comme de coutume, contre l'Allemagne qu'on accusa d'avoir provoqué en secret la démarche du baron d'Aehrenthal. Pourtant le chancelier allemand, ainsi que nous avons pu l'établir, n'avait été informé du projet d'annexion qu'assez longtemps après l'entrevue de Buchlau et la notification officielle de l'annexion n'avait été communiquée à l'empereur Guillaume II qu'après l'avoir été à tous les chefs d'Etats européens, de sorte qu'il s'était senti profondément blessé [1].

L'excitation causée par la crise dite de Bosnie sembla même, à certains moments, devoir provoquer une guerre européenne. Mais ce malheur fut évité pour différentes raisons. La principale fut que la Russie n'était pas en mesure de tirer l'épée si peu de temps après la défaite que lui avait infligée le Japon. Le général Roediger, ministre russe de la guerre, perdit même son poste pour avoir avoué franchement que l'armée ne pouvait pas hasarder une campagne. Ce qui fit définitivement pencher la balance, c'est que Berlin, après que l'annexion eut été proclamée, se plaça sans restriction derrière Vienne. De cette façon, l'Empire des tsars aurait été obligé de marcher contre les deux puissances centrales, ce qui aurait été tout simplement au-dessus de ses forces. La prise de

---

1. *Grande Politique*, vol. XXVI, pp. 49 et 53.

position de l'Allemagne engagea aussi la France à une prudente réserve, et Paris mit Saint-Pétersbourg en garde contre des aventures. L'indignation que provoqua chez M. Iswolski cette attitude du gouvernement français fut telle qu'il reprocha aux Français de défendre plutôt la cause de l'Autriche que celle de la Russie [1]. Il n'y eut que l'ambassadeur d'Angleterre, M. Nicolson, qui fit de nouveau son possible pour aggraver l'antagonisme entre la Russie et les puissances centrales. Mais les circonstances, et en première ligne la faiblesse militaire de la Russie, parlaient trop clairement en faveur de la modération. Quand donc le baron d'Aehrenthal, le 11 mars 1909, exigea que la Russie reconnût l'annexion de la Bosnie et de l'Herzégovine, en ajoutant qu'en cas de refus, il communiquerait à Londres, Paris et Belgrade les documents d'où ressórtait l'assentiment d'Iswolski aux accords de Buchlau, le ministre russe des Affaires Etrangères s'adressa au gouvernement allemand en le priant de servir de médiateur. Celui-ci se déclara prêt à le faire « si la Russie voulait bien effectivement et sérieusement calmer la Serbie [2]. » Finalement M. de Bülow réussit à éteindre le conflit en obtenant que, pour éviter une humiliation à la Russie, la reconnaissance de l'annexion serait faite par tous les cabinets simultanément. Ainsi l'Allemagne ne fut pas la dernière à assurer la paix par son intercession.

Toutefois les conséquences de la crise de Bosnie furent néfastes pour l'avenir. M. Iswolski en effet tira de ses expériences des conclusions précises et extrêmement dangereuses. L'attaque dirigée sur Constantinople objectif suprême de la Russie en Pro-

---

1. *Documents historiques : Les Alliés contre la Russie*, Paris, ANDRÉ DELPEUCH, éd., p. 22.
2. *Grande Politique*, vol. XXVI, 2, p. 669.

che-Orient, avait échoué et cela, au fond, à cause du veto de l'Angleterre. Comme, ainsi que nous l'avons vu, l'Empire britannique, depuis son rapprochement avec Saint-Pétersbourg, manifestait une tendance à soutenir les prétentions panslavistes dans les Balkans pour autant qu'elles n'étaient pas dirigées contre les Détroits, mais uniquement contre les possessions européennes de la Turquie, le ministre des Affaires Etrangères de l'Empire des tsars pouvait en conclure que dans cette voie il marcherait sans obstacles. Dès lors il visa donc à préparer l'établissement de l'hégémonie russe dans les Balkans. C'était par là même se tourner contre l'Autriche-Hongrie, car ce pays, avec son pourcentage élevé de population slave, serait menacé dans son existence si les états balkaniques se consolidaient sous l'égide russe et qu'un appel fût lancé à ses éléments slaves pour s'unir à leurs frères de l'autre côté des frontières des Habsbourg.

Depuis longtemps déjà la désagrégation s'opérait à l'intérieur de la Monarchie danubienne. Si cette désagrégation était favorisée par des influences du dehors, elle serait accélérée au point de menacer l'existence même de l'Autriche-Hongrie. On ne saurait dire si en Angleterre on n'avait pas prévu assez clairement ce développement des choses ou si même on l'avait souhaité comme un moyen d'attaquer à leur point le plus sensible les puissances centrales contre lesquelles on intriguait depuis 1904. Quoi qu'il en soit, ce fut, comme nous l'avons déjà dit, l'attitude négative de Londres dans la question des Détroits, qui détermina indirectement la tournure dangereuse que prirent les événements.

La première chose qu'entreprit M. Iswolski dans l'ordre d'idées indiqué fut un nouveau rapprochement aussi intime que possible avec la Bulgarie. Si

Vienne avait espéré gagner ce pays ambitieux pour l'utiliser comme contrepoids contre la Serbie, Pétersbourg redoubla d'efforts à Sofia pour y reprendre de l'influence. Quand la Turquie réclama une indemnité de 82 millions de francs pour la perte de la Roumélie orientale, laquelle avait été détachée de son territoire au moment où la Bulgarie s'était déclarée indépendante, M. Iswolski offrit la garantie de la Russie pour cette somme. Le gouvernement bulgare accepta, bien qu'il se mît ainsi dans une dépendance très gênante à l'égard de Saint-Pétersbourg. Quant à la Serbie on renvoya la satisfaction de ses prétentions à la Bosnie au moment où l'Empire des tsars serait mieux armé. En outre, on lui conseilla de s'entendre avec la Bulgarie pour préparer l'union des peuples balkaniques. En automne 1909, M. Hartwig prit le poste de ministre de Russie à Belgrade et se mit à déployer une activité énergique dans le sens indiqué. Le but final de ses efforts ressort du texte d'un projet de convention militaire russo-bulgare de décembre 1909 qui, il est vrai, est resté probablement à l'état de projet, et dont l'article 5 contenait la phrase suivante : « En considération du fait que la réalisation de l'idéal des peuples slaves dans la péninsule balkanique, qui tient tant au cœur de la Russie, ne peut-être rendue possible que par l'issue favorable d'une guerre de la Russie avec l'Allemagne et l'Autriche-Hongrie, la Bulgarie prend l'engagement solennel, aussi bien dans ce cas que dans le cas de l'adhésion de la Roumanie ou de la Turquie à la coalition des puissances ci-dessus indiquées, de faire les plus grands efforts pour écarter tout motif d'une plus large extension du conflit [1]. » Au début de la même année M. Iswolski avait déclaré

---

1. Boghitchévitch, *Les causes de la Guerre*, p. 117.

à l'ambassadeur d'Allemagne à Saint-Pétersbourg, au sujet des rapports de son pays avec la monarchie danubienne : « N'oubliez pas une chose : la question d'Orient ne peut être résolue autrement que par un conflit... Peut-être ce conflit n'éclatera-t-il que dans cinq ou dix ans, mais il est inévitable [1]. » La nouvelle politique active de Saint-Pétersbourg, dirigée contre le maintien du *statu quo* dans les Balkans, renfermait donc en germe une liquidation par la force et représentait par cela même une tendance contre la paix.

La marche sur Constantinople fut donc ajournée pour le moment. Qu'on ne la perdît pas de vue, mais qu'on la réservât pour un moment plus propice, c'est ce que prouve le fait que, le 24 octobre 1909, M. Iswolski conclut, avec l'Italie à Racconigi, un accord par lequel « l'Italie et la Russie... s'engageaient à considérer avec bienveillance les intérêts russes dans la question des Détroits et ceux de l'Italie, en Tripolitaine et en Cyrénaïque [2] ». Ainsi venait s'ajouter au sujet de la Méditerranée une nouvelle convention à l'accord précédent et à celui conclu en 1904 entre l'Angleterre et la France. Les trois traités jouaient pour les pays qui y participaient le rôle de lettres de change tirées sur l'avenir et leur ouvraient la possibilité de retirer leurs créances quand le moment serait venu.

L'orientation anti-autrichienne de la politique russe représentait évidemment pour l'Allemagne un nouvel et considérable affaiblissement de sa situation politique et l'on aperçut avec netteté l'étendue de la brèche ouverte depuis près de vingt ans dans le rempart de Bismarck, par le non-renouvellement du

---

1. *Grande Politique*, vol. XXVI, 2 p. 398.
2. *Correspondance diplomatique d'Iswolski*, II p. 363.

traité de réassurance. L'empire d'Allemagne en était
à ne plus compter que sur la Monarchie danubienne
et devait prendre garde de ne pas perdre encore ce
dernier allié. Quand le baron d'Aehrenthal fit connaître ses idées annexionnistes, on n'en fut nullement
enchanté à Berlin, mais on décida d'appuyer Vienne
sans réserve en raison de considérations très nettement exposées dans un rapport que M. de Bülow
adressa à l'Empereur. Nous y lisons : « Notre situation deviendrait réellement inquiétante si l'Autriche-
Hongrie perdait confiance en nous et se séparait de
nous. Tant que nous resterons unis, nous formerons
à peu près ce que fut pendant cinquante ans l'ancienne confédération allemande, un bloc auquel personne ne s'attaquera à la légère. C'est précisément
dans les grandes questions orientales que nous ne
devons pas nous mettre en opposition avec l'Autriche-Hongrie, qui a dans les Balkans des intérêts plus
directs et plus importants que nous. L'Autriche-Hongrie ne nous pardonnerait pas un refus ni même une
attitude hésitante ou grincheuse dans la question de
l'annexion de la Bosnie et de l'Herzégovine.[1] » C'était
là, nous le voyons, l'abandon définitif du principe
de Bismarck, que l'Allemagne ne devait pas intervenir
en faveur des intérêts particuliers de la Monarchie
autrichienne dans le Proche-Orient, afin de ne pas se
mettre en opposition directe avec la Russie. Vu le
groupement actuel des puissances, cet abandon était
une dure nécessité, qui résultait de la situation critique où son isolement avait placé l'Allemagne. La
création de l'entente en était proprement la raison
déterminante. M. Iswolski s'est souvent plaint à l'ambassadeur d'Allemagne à Saint-Pétersbourg que Ber-

---

1. *Grande Politique,* vol. XXVI, 1 p. 237.

lin intervenait avec trop de zèle pour Vienne. Le 31 octobre 1908, le comte Pourtalès lui répliquait conformément aux directions du comte Bülow : « Depuis la guerre avec le Japon, la Russie s'est pas à pas rapprochée précisément de celle des puissances qui a été en grande partie la cause des échecs russes en Extrême-Orient (l'Angleterre). Par son accession à l'entente cordiale franco-anglaise, elle a jeté un poids considérable dans le plateau de la balance de celui des groupes qui déjà à plus d'une reprise, a fait valoir son influence dans un sens opposé aux intérêts allemands. En présence de cette situation, il ne reste à l'Allemagne que de s'attacher d'autant plus étroitement à son alliée et d'intervenir encore davantage pour les intérêts de celle-ci que cela n'aurait été nécessaire en s'en tenant à la lettre du traité. Le groupe qui se trouve en face de nous est trop puissant pour que nous ne prenions pas garde d'éviter tout ce qui pouvait ébranler la confiance de l'Autriche-Hongrie en notre loyauté. [1] »

Nous venons de toucher en passant aux difficultés qui résultaient d'une attitude dictée par la nécessité. La Russie dut s'accoutumer à compter comme adversaire de ses visées sur les Balkans, non seulement la Monarchie du Danube plus faible qu'elle, mais encore l'Allemagne, de beaucoup plus forte. A cela vint s'ajouter que le gouvernement allemand, à défaut de grandes colonies productives qui auraient pu accueillir le surplus toujours croissant de la population allemande, méditait depuis assez longtemps déjà d'ouvrir à son activité économique l'Asie-Mineure, située relativement assez près, et que dans ce but il devait s'efforcer de maintenir libre et sûre la voie qui y con-

---

1. *Grande Politique*, vol. XXVI, 1 p. 237.

duisait. Cela supposait non seulement le maintien de l'Autriche-Hongrie mais encore celui de la Turquie. Mais on sait que les desseins russes se dirigeaient également contre ce dernier pays en tant que gardien des Détroits. Tandis que l'Allemagne travaillait au relèvement de la Turquie en l'aidant surtout à réorganiser son armée, la Russie comptait, en Turquie comme en Autriche, sur une déchéance progressive. Les voies de Berlin et de Saint-Pétersbourg se croisaient donc doublement. En outre, il était à craindre — comme l'avait déjà fait prévoir la crise annexionniste — que la Monarchie danubienne, forte du sentiment qu'elle était indispensable à son alliée, ne se laissât entraîner à l'exploiter pour ses propres buts. L'alliée plus faible pouvait aisément concevoir l'idée d'atteler à son char l'alliée plus forte, sachant que celle-ci avait plus ou moins besoin d'elle.

D'autre part, la Russie ayant reconnu qu'elle devait compter que l'Allemagne serait l'obstacle principal à son avance dans le Proche-Orient, il en résultait tout naturellement qu'elle éprouvait le besoin de resserrer encore plus étroitement les liens qui l'attachaient à ses alliées, afin d'être sûre d'elles quand éclaterait le conflit armé qu'Iswolski avait jugé inévitable. Tout dépendait donc de savoir si en Angleterre et en France les tendances germanophobes s'étaient accentuées ou non. C'est ce que va nous apprendre la suite des événements.

Dès avant la crise de Bosnie, les dissentiments entre Londres et Berlin au sujet de l'agrandissement de la flotte allemande s'était notablement aggravés. Lorsque le Tsar, après la fin de la guerre d'Extrême-Orient, proposa de convoquer une nouvelle conférence de la paix qui, comme la première se réunit en été 1907 à la Haye, l'Angleterre et les Etats-Unis demandèrent qu'on mît à l'ordre du jour le désarmement général. Derrière cette demande se cachait l'intention d'entraver l'agrandissement des forces navales de l'Allemagne, si possible par des dispositions internationales. A Saint-Pétersbourg, à Paris et à Rome, on était au fond très peu disposé à discuter de la limitation des armements, mais on décida, pour ne pas blesser Londres, de ne soulever d'abord aucune objection, mais de faire lors des débats, selon l'expression de M. Iswolski, « un enterrement de première classe » à la proposition anglaise. A Berlin, on dédaigna une telle tactique et l'on déclara sans détour qu'on refusait d'admettre dans le programme de la conférence la question de la limitation de même que celle d'un tribunal d'arbitrage obligatoire [1]. L'Allemagne, de concert avec l'Autriche-Hongrie, tenta d'engager aussi la Russie à opposer son veto, mais celui-ci ne fut formulé qu'avec beaucoup de réserve. Le point de vue allemand fut précisé vis-à-vis de l'opinion publique par une note qui disait que les motifs de l'idée du désarmement méritaient pleine approbation, mais qu'il manquait une formule qui fît droit « aux grandes différences de la situation géographique économique, militaire et politique » des divers pays. La conférence expédia ensuite toute la question quand elle fut soulevée par le délégué anglais, en votant la résolution banale que les charges militaires ayant augmenté presque pour tous les Etats depuis 1899, « il était hautement désirable de voir les gouvernements reprendre l'étude sérieuse de, cette question ». Quand on discuta l'idée d'un tribunal d'arbitrage obligatoire, qui, selon la proposition anglaise, ne

---

1. Comparez là-dessus et pour ce qui suit : *Grande Politique*, vol. XXIII.

devait d'ailleurs être compétent que pour des cas de nature juridique ou pour l'interprétation des traités existants « en tant que ces différends ne pourraient être arrangés directement par voie diplomatique ou qu'ils ne toucheraient ni les intérêts essentiels ni l'indépendance des parties en litige, ni les intérêts de tierces puissances », le délégué allemand, appuyé par l'Autriche-Hongrie et par six petits Etats, exprima de graves objections et la motion fut repoussée. L'attitude prise par le gouvernement allemand pâtit, exactement comme lors de la première conférence de la Haye, de sa trop grande franchise et de son manque d'habileté diplomatique. On exprima sans réserve ce que tous pensaient, et l'on fournit ainsi aux adversaires une arme dangereuse : ils pouvaient représenter l'Allemagne comme hostile à l'idée de la paix, ce dont ils ne se firent pas faute.

Après qu'eût échoué la tentative anglaise d'inhiber par la voie détournée de négociations internationales la construction de la flotte allemande, Londres chercha à s'aboucher directement avec Berlin. L'occasion s'en présenta lorsque fut soumis au Reichstag un nouveau programme naval qui avait été approuvé par le conseil fédéral en novembre 1907. Ce programme se justifiait par le fait que la Grande-Bretagne s'était mise peu auparavant à construire des navires monstres dénommés dreadnoughts, qui surpassaient en puissance tous les navires de guerre connus jusque-là et qui étaient destinés à donner à la marine anglaise une supériorité absolue. Le Secrétaire d'Etat de l'Office de la marine allemande demandait pour chacune des années de 1908 à 1911 la construction de trois vaisseaux de ligne du type des dreadnoughts et de deux petits croiseurs. En outre, il réclamait, pour hâter le renouvellement du matériel, qu'on abrégeât la durée de service des vaisseaux de ligne de 25 à 20 ans. L'amiral Tirpitz, qui dans son domaine était certainement un technicien hors ligne, était d'avis que l'Allemagne avait besoin d'une forte flotte de haute mer, non seulement pour protéger le commerce allemand, mais encore pour enlever aux Anglais, vu leur entente avec la Russie et la France, l'envie de déchaîner sur le continent [1] une guerre contre le pays rival. Energique comme il était, il résolut de franchir, sans se laisser intimider par les protestations, la zone dangereuse dans laquelle se trouvait alors sa patrie par suite de son infériorité sur mer. Il ne visait nullement à surpasser la flotte britannique ni même à égaler sa formidable puissance, tout ce qu'il voulait était d'élever assez le nombre des navires allemands pour qu'une attaque devînt hasardeuse. Il pensait que, depuis la volte-face politique de la Grande-Bretagne, l'Allemagne avait tout lieu d'être sur ses gardes.

Mais l'irritation ne fit que croître en Angleterre à la suite des projets de Tirpitz. La presse soutenait que l'Allemagne voulait disputer l'empire des mers à la Grande-Bretagne et préméditait la guerre. On représentait volontiers aussi comme dangereuse pour le Royaume insulaire la politique suivie par l'Allemagne dans l'affaire du chemin de fer de Bagdad, parce qu'elle visait à entraver les communications par terre avec l'Inde. Alors que pour populariser l'idée de la création d'une flotte allemande, la Ligue navale de «Flottenverein » insistait sur le péril anglais, de l'autre côté de la Manche les journaux influents agitaient le spectre d'une invasion allemande. Pour jeter de

---

1. TIRPITZ, *Der Aufbau der deutschen Weltmacht,* pp. 7 et suiv. — TIRPITZ, *Mémoires,* pp. 175 et suiv.

l'huile sur les flots agités, l'empereur Guillaume II
écrivit, le 16 février 1908, une lettre autographe au
premier Lord de l'amirauté, Lord Tweedmouth, dans
laquelle il lui exposait qu'il ne nourrissait point de
sombres projets contre la Grande-Bretagne [1]. La nouvelle se répandit dans la presse, où on l'exploita pour
faire naître de nouveaux soupçons.

En juin 1908 le financier anglais Sir Ernest Cassel,
eut, ainsi que nous l'avons dit, avec le directeur de la
« Hamburg-Amerika Linie, » M. Ballin, un entretien qui fut la première tentative faite pour engager
l'Allemagne, par une prise de contact direct, à restreindre ses armements [2]. Sir Ernest Cassel déclara
qu'Edouard VII, avec qui il avait parlé « était profondément persuadé que l'augmentation rapide de
la flotte allemande menaçait la situation anglaise sur
mer. » Finalement il donna à entendre « qu'un jour
l'Angleterre, d'accord avec la France et la Russie
pourrait demander à l'Allemagne quand elle pensait
mettre un terme au renforcement de son armement
maritime. » Ceci cachait indubitablement une menace
qui était d'autant moins adroite qu'elle rappelait préci-
cisément la situation politique dangereuse pour l'Allemagne sur laquelle se fondaient les efforts du Secrétaire d'Etat von Tirpitz et qu'elle justifiait la manière de voir de celui-ci. C'est pourquoi M. Ballin
répliqua nettement qu'une pareille question équi-
vaudrait à la guerre : « L'Allemagne, dit-il, s'opposerait de toutes ses forces à une tentative à la Fachoda »

Cette menace de Sir Ernest Cassel fut pour ainsi
dire soulignée par le fait que, peu auparavant, vers
la fin de mai 1908, le président de la République

---

1. *Grande Politique*, vol. XXIV, pp. 32 et suiv.
2. *Grande Politique*, vol. XXIV, p. 52 et suiv.

française, M. Fallières, avait été acclamé avec beaucoup d'enthousiasme lors d'une visite à Londres, et qu'au commencement de juin avait eu lieu l'entrevue d'Edouard VII avec le tsar Nicolas II à Réval. A la fin de juin, M. Delcassé, l'antagoniste bien connu de l'Allemagne, se rendit à Londres et fut reçu par le roi d'Angleterre [1]. Tous ces incidents devaient, même si on n'en distinguait pas encore le sens profond, augmenter notablement la méfiance de Berlin devant l'attitude de l'Angleterre.

Le comte Metternich, ambassadeur d'Allemagne à Londres, vit avec une inquiétude croissante combien l'état des esprits empirait en Angleterre et en attribua la véritable cause aux constructions navales de l'Allemagne [2]. Le 30 juin, il rédigea un rapport sur un long entretien où le sous-secrétaire d'Etat, Sir Charles Hardinge, lui avait fait part de ses craintes au sujet des armements allemands, et il conclut en ces termes : « Rien ni personne ne détournera les Anglais de leur conviction qu'une flotte puissante qui se forme dans le voisinage de leurs côtes est un danger pour eux et même le plus grand auquel ils puissent être exposés. Nous sommes résolus à posséder une flotte puissante et nous devons donc nous rendre compte des conséquences » [3]. Le 16 juillet le comte Metternich fit part de conversations qu'il avait eues avec Lord Grey et avec le chancelier de l'Echiquier, M. Lloyd George, qui déclarèrent l'un et l'autre que, « par suite du programme naval allemand et de la construction accélérée de navires, les dépenses pour la flotte anglaise s'élèveraient à une telle hauteur et le sentiment du péril allemand à un tel degré d'intensité, que les re-

---

1. *Grande Politique*, vol. XXIV, pp. 78.
2. *Grande Politique*, vol. XXIV, pp. 44.
3. *Grande Politique*, vol. XXIV, p. 87.

lations entre les deux pays ne pourraient s'améliorer tant que de part et d'autre on ne cesserait pas de se faire concurrence » [1]. On proposa donc de ralentir l'allure des armements allemands. Ce fut particulièrement M. Lloyd George qui se prononça en faveur de cette idée. Il y revint encore lorsque, deux semaines plus tard, à la Chambre des Lords, des membres influents du parti conservateur, tels que Lord Gromer et Lord Lansdowne, parlèrent ouvertement de la probabilité d'une guerre [2].

Toutefois l'empereur Guillaume II était fermement décidé à ne pas permettre qu'on se mêlât d'une façon quelconque des mesures prises par l'Allemagne. Il continua à démentir qu'il voulût menacer la Grande-Bretagne, mais il s'opposa très énergiquement à toute tentative d'influer sur l'étendue et sur la rapidité des constructions navales de l'Allemagne. A l'occasion d'une entrevue avec le roi Edouard VII à Friedrichshof, il eut avec Sir Charles Hardinge au sujet de la flotte allemande un long entretien sur les points les plus importants duquel il rédigea lui-même les notes suivantes : « — Lui (Hardinge) : Ne pouvez-vous pas mettre fin à vos constructions ou bâtir moins de navires ? — Moi : La mesure des armements maritimes de l'Allemagne se règle sur ses intérêts et ses alliances (besoins ?) ; elle a un caractère défensif et n'est certainement pas dirigée contre une autre nation, contre l'Angleterre moins que contre toute autre. Ces armements ne sont pas une menace pour vous, qui, tous tant que vous êtes, avez actuellement peur de fantômes. — Lui : Mais il faudrait pourtant prendre un arrangement pour limiter les cons-

---

1. *Grande Politique*, vol. XXIV, p. 100.
2. *Grande Politique*, vol. XXIV, pp. 102 et suiv.

tructions. Il faut que vous cessiez de construire ou que vous construisiez plus lentement. — Moi : Alors nous aurons la guerre, car c'est là une question de dignité et d'honneur national. En disant cela je le regardai fixement entre les yeux. Sir Charles devint tout rouge, me fit une révérence, me pria d'excuser ses paroles, de les considérer comme des remarques qui lui avaient échappé dans une conversation d'ordre privé, et de vouloir bien les pardonner et les oublier. L'entretien avait été conduit par lui sur un ton un peu irrité et quasi dictatorial. Je ne doutai pas un instant qu'il n'eût reçu des instruction et des directives de Fisher.[1] »

Ce fut le refus décisif qui mit fin à la prétention anglaise d'imposer à l'Allemagne de renoncer à la création d'une puissance navale ou de la retarder conformément au désir de la Grande-Bretagne. La conversation que nous venons de reproduire et dans laquelle on procéda de part et d'autre d'une façon qui n'était guère diplomatique [2] éclaire d'un jour très net toute la nature du différend qu'avaient à régler l'Angleterre et l'Allemagne.

La Grande-Bretagne, qui politiquement avait déjà commencé à se tourner contre l'Allemagne, voulait, en vertu de sa situation avantageuse, empêcher sa rivale continentale de se créer une nouvelle arme qui la rendrait plus forte que par le passé. Si l'on considère que c'était précisément Sir Charles Hardinge qui, peu de semaines auparavant, à Reval, avait parlé aux Russes de la possibilité d'une « tension extrême » entre l'Angleterre et l'Allemagne dans un délai de

---

1. *Grande Politique*, vol. XXIV, p. 127.
2. D'après le rapport de Hardinge, *Entretiens Européens*, 1925, pp. 76 et suiv., l'entretien fut, il est vrai, plus calme, mais la teneur en est la même.

7 ou 8 ans, on ne pourra guère voir là des sentiments bienveillants pour l'Allemagne. Un point de vue important pour les Anglais était en outre que le cabinet libéral, qui était momentanément au pouvoir, ne se serait décidé qu'à contre-cœur, conformément aux idées dont il s'inspirait, à imposer aux contribuables de nouvelles charges pour des dépenses d'armements. Pour ce motif également il leur eût été bien plus agréable que l'Allemagne cédât de bon gré.

D'autre part, l'empereur d'Allemagne avait l'impression que les représentations des hommes d'Etat britanniques n'étaient dictées que par l'intention de lui interdire, à lui et à son Empire, de s'engager dans la voie qui conduisait à un plus grand développement de puissance. L'Empereur était irrité que la Grande-Bretagne se fût ralliée à la France et à la Russie et après tout, en condamnant une telle politique il pouvait se réclamer d'un personnage aussi important que le vieux Lord Rosebery, qui déclara au comte Metternich : « Si l'Allemagne en arrivait à la conviction que la politique anglaise rétrécit le cercle qui enserre l'Allemagne, la situation deviendrait désespérée. Il est ridicule de traiter politiquement l'Allemagne comme s'il s'agissait d'un pays tel que la Serbie [1] ». Guillaume II voyait en tout cas, dans toute proposition tendant à restreindre les constructions navales de l'Allemagne, une immixtion insolente dans ses propres affaires et dans les questions intérieures de son pays. Malgré tout, il caressait toujours le vague espoir que l'Angleterre pourrait être amenée, par une Allemagne qui lui inspirerait du respect, à se rattacher aux puissances centrales. C'est ainsi qu'il écrivit en marge d'un rapport du comte de Metternich :

---

1. *Grande Politique*, vol. XXIV, p. 115.

« La solution la plus simple est une entente ou une alliance avec nous, alors ils seront délivrés de tout souci [1] ». L'Empereur fut, dans la question navale, le dernier et le plus intransigeant représentant de la résistance jusqu'au bout. M. von Tirpitz, inclinait lui-même davantage pour des négociations sur certains points. Le comte de Bülow, tout résolu qu'il était « à ne reculer en aucun cas devant une pression ou une menace anglaise », estimait « qu'il valait mieux au point de vue tactique ne pas enlever aux Anglais tout espoir pour l'avenir ». Il préconisait donc plus de souplesse dans le traitement de toute la question [2]. Cette divergence d'opinions le mit en opposition non seulement avec M. Tirpitz mais avec l'Empereur lui-même. A la suite de cette affaire des armements, il se produisit même, en automne 1908, un incident qui troubla les excellents rapports qui existaient entre le chancelier et le monarque. Dans le journal anglais *Daily Telegraph* parut une interview de Guillaume II qui avait été soumise au comte de Bülow, mais que par mégarde il n'avait pas lue. Comme les déclarations de l'Empereur, qui avait eu pour but de souligner ses bonnes intentions envers l'Angleterre, firent grande sensation, et que l'opinion publique allemande blâma sévèrement ce qu'elle crut être un acte personnel du souverain, le comte de Bülow désireux de prévenir le retour de tels incidents, se prononça devant le Reichstag en faveur d'un contrôle plus strict des actes politiques du monarque et éveilla, chez celui-ci l'idée que le chancelier l'avait sacrifié à la nation [3].

Vu, dans son ensemble, toute cette querelle entre

---

1. *Grande Politique*, vol. XXIV, p. 88.
2. *Grande Politique*, vol. XXIV, pp. 148-199.
3. *Grande Politique*, vol. XXIV, pp. 167 et suiv.

Londres et Berlin eut la malencontreuse conséquence que l'irritation alla grandissant tant d'un côté que de l'autre. Dans le peuple anglais comme dans le peuple allemand s'enracina la conviction que l'autre peuple lui était hostile et ainsi l'abîme se creusa d'une façon inquiétante. Le pis fut que dorénavant, parmi les personnages britaniques représentatifs, ceux qui, tels Lord Fisher et ceux qui partageaient son opinion, étaient des germanophobes à tous crins, trouvèrent là une bonne occasion de gagner les esprits à leurs idées et que le gouvernement britannique lui aussi jugea indiqué de resserrer encore davantage si possible ses relations avec la Russie et la France, En automne 1908, le roi Edouard VII profita de son séjour aux eaux de Marienbad pour fêter continuellement l'entente [1] avec M. Clemenceau, alors président du Conseil des ministres français, et avec M. Iswolski, ministre russe des Affaires Étrangères. Il y eut des entrevues que le journal pétersbourgeois *Rjetch* appela « une démonstration politique ». Peu après éclata la crise bosniaque dont nous avons parlé ci-dessus et qui, ainsi que nous l'avons vu, fut le point de départ d'une politique active de la Russie dans les Balkans. L'entente s'affermit et les puissances centrales furent acculées à une position défensive.

Le comte de Bülow, que le comte de Metternich ne cessait d'avertir, fit de grands efforts dans le courant des mois suivants pour arriver malgré tout à une entente avec Londres. Quand approcha le moment de présenter au Parlement britannique, le nouveau budget, notablement accru, et précisément dans le but d'une augmentation des armements navals anglais, le comte de Bülow proposa que l'Allemagne

---

1. *Grande Politique*, vol. XXIV, p. 153.

ne construisît dans chacune des années 1909 à 1911 que trois vaisseaux de ligne, et qu'en revanche pendant la période de 1912 à 1914, elle construisit annuellement trois dreadnoughts au lieu de deux prévus à l'origine [1]. Comme, juste au même moment, les Anglais proclamaient qu'ils devaient maintenir le *Two powers standard* ». c'est-à-dire que leur flotte devait dépasser de dix pour cent celles de deux autres pays réunis [2], le comte de Bülow espérait parvenir à les tranquilliser, si, pour commencer, il proposait de ralentir les constructions allemandes. Mais le comte de Metternich, qui estimait que le moment favorable à une entente était déjà passé, déclara cette concession insuffisante [3], alors que M. von Tirpitz la trouvait excessive. Ce dernier pensait cependant qu'on pourrait arriver à un accord si pendant chacune des dix années à venir la Grande-Bretagne mettait sur le chantier quatre dreadnoughts, et l'Allemagne trois [4]. Comme les dirigeants de la politique allemande étaient d'avis qu'une telle offre ne serait en aucun cas suffisante, ils conseillèrent à l'Empereur de s'abstenir de toucher à la question de la flotte quand le roi Edouard VII viendrait, au début de février 1909, faire une visite à Berlin. Guillaume II se borna donc à dire dans une conversation avec le roi d'Angleterre que pour le moment il devait s'en tenir sans restriction à son programme de constructions [5]. En avril 1909, l'Empereur, après s'être concerté avec M. von Tirpitz, donna son assentiment à l'intention de celui-ci de tenter un arrangement sur la base de la proportion de 3 contre

---

1. *Grande Politique*, vol. XXVIII, p. 37.
2. *Grande Politique*, vol. XXVIII, p. 7.
3. *Grande Politique*, vol. XXVIII, pp. 43-44.
4. *Grande Politique*, vol. XXVIII, p. 69.
5. *Grande Politique*, vol. XXVIII, p. 86.

4 [1]. Peu après, lorsque M. von Tirpitz se rencontra à Venise avec le comte de Bülow, celui-ci le gagna aussi à son idée favorite de combiner un accord sur les constructions navales avec un arrangement politique général. Ce que le chancelier entendait par là c'était, soit une convention coloniale, soit un engagement de l'Angleterre d'observer la neutralité en cas de guerre, soit même une alliance [2]. Là était évidemment le nœud de toute l'affaire, car si l'on réussissait à mettre l'Angleterre du côté de l'Allemagne, ou tout au moins à enlever à l'entente avec la Russie et la France sa tendance anti-allemande, on aurait écarté le danger qui justifiait l'inébranlable résolution de persévérer dans la création rapide d'une flotte allemande. On se mit à élaborer des projets de conventions politiques et M. Wilhelm von Stumm, conseiller référendaire de légation au Département des Affaires Etrangères se rendit à Londres pour sonder le terrain. Il procéda avec précaution pour éviter l'impression que Berlin se laissait intimider, mais il déclara à Sir Charles Hardinge et à Sir Edward Grey qu'on était prêt à un arrangement. Le point décisif fut que Sir Edward Grey, en particulier, se montra défavorable à une modification « des combinaisons politiques existantes entre les puissances », et que M. von Stumm en arriva à cette conclusion : « le gouvernement anglais ne se décidera que difficilement à compromettre, en préparant des rapports plus amicaux avec nous, les relations qui l'unissent au groupe franco-russe » [3]. L'entente existait et aucune brèche ne devait y être faite. De cette façon on tournait dans un cercle d'où il n'y avait guère moyen de

---

1. *Grande Politique*, vol. XXVIII, p. 147.
2. *Grande Politique*, vol. XXVIII, p. 180.
3. *Grande Politique*, vol. XXVIII, p. 165.

sortir. Comme, d'autre part, M. von Tirpitz, pénétré de l'idée qu'en cas d'arrangement l'Angleterre devait elle aussi faire preuve de bon vouloir en réduisant ses armements, ne pouvait se décider à aller plus loin dans ses offres, la tentative du chancelier finit en queue de poisson [1]. Peu après, en été 1909, Bülow fut congédié et remplacé par M. von Bethmann-Hollweg, jusque-là ministre de l'Intérieur.

L'aversion du gouvernement anglais pour un changement d'attitude dans la politique étrangère ou tout au moins pour un adoucissement de son attitude envers l'Allemagne n'est à proprement parler pas faite pour étonner, d'après ce que nous savons aujourd'hui de la nature de l'entente. La Grande-Bretagne s'était déjà engagée trop avant avec la France et la Russie pour pouvoir opérer une conversion politique. Si, à Berlin, on avait cru à une telle possibilité, c'était probablement surtout parce qu'on venait de faire une grande concession à la France. Sur le désir particulier de l'Empereur, qui avait toujours désapprouvé l'antagonisme franco-allemand dans l'Afrique du Nord, on avait signé, le 9 février 1909, une convention qui accordait à la République une situation privilégiée au Maroc et qui, en échange, ne demandait que la liberté du Maroc et l'égalité économique de toutes les nations dans ce pays [2]. Cette attitude conciliante, qui étonna même Paris, devait purifier l'atmosphère politique et diminuer les antagonismes. Peu de jours auparavant le comte Metternich avait désigné expressément une entente avec la France au sujet du Maroc comme une condition importante pour l'amélioration des rapports avec l'Angleterre [3]. Cependant

---

1. *Grande Politique,* vol. XXVIII, pp. 168 et suiv.
2. *Grande Politique,* vol. XXIV, pp. 489-490.
3. *Grande Politique,* vol. XXVIII, p. 74.

cette amélioration, ainsi que nous l'avons vu, ne fut pas durable. Rien ne pouvait plus être changé à la scission de l'Europe en deux camps. C'était là le fait fondamental que Sir Edward Grey fit ressortir avec une profonde gravité [1].

Combien la cohésion était étroite et combien intime l'accord dans la Triple-Entente, c'est ce dont l'Allemagne ne tarda pas à faire l'expérience dans une tout autre occasion. Dans le courant de l'année 1910 M. Iswolski fut graduellement remplacé dans ses fonctions de ministre des Affaires Etrangères. Le diplomate que l'on avait choisi pour être son successeur, M. Sazonow, se mit d'abord, comme son adjoint, au courant des affaires de la politique extérieure jusqu'à ce qu'en automne le changement fût définitivement accompli. Pour novembre était prévue une entrevue à Potsdam entre l'empereur Guillaume et le tsar Nicolas II. M. Sazonow fit savoir au gouvernement allemand qu'il y assisterait et qu'il « espérait qu'on s'y expliquerait à fond et franchement » [2]. Il donna à entendre qu'il s'agissait pour lui de dissiper la mauvaise humeur provoquée par la crise bosniaque. Aussitôt on nourit d'assez vastes espoirs à Berlin. M. de Bethmann et M. de Kiderlen-Wächter, nommé depuis peu Secrétaire d'Etat au Département des Affaires Etrangères, qui avaient la tâche très difficile de percer à eux deux, d'une façon quelconque, le triple front politique de l'Entente dirigé contre l'Allemagne, s'imaginaient déjà que le nouveau chef de la politique russe qui passait pour germanophile, leur fournirait l'occasion ardemment souhaitée de dégager le flanc oriental. On décida donc de proposer à

---

1. *Grande Politique*, vol. XXVIII, p. 163.
2. *Grande Politique*, vol. XXVII, 2 pp. 433 et suiv.

M. Sazonow un rapprochement général et, afin d'atteindre ce but, de donner l'assurance que l'Empire allemand « n'avait ni l'obligation ni la volonté d'appuyer des plans ambitieux de l'Autriche » [1]. Ceci signifiait en d'autres termes pour la Russie la garantie d'une attitude passive envers la Monarchie danubienne dans les Balkans — attitude qu'à la suite de l'annexion de la Bosnie et de l'Herzégovine M. Iswolski avait toujour déclarée la condition de bons rapports entre son pays et les deux puissances centrales. Pour ce qui concernait la Turquie, on pensait convenir « de conserver la Porte à l'état viable pour autant que cela serait nécessaire à faire régner le calme et l'ordre dans les provinces qui lui étaient restées et afin que sa faiblesse n'excitât pas au détriment de la paix européenne les convoitises de toutes sortes des petites formations balkaniques. » Là non plus on ne méditait pas de contrarier les intérêts russes, mais on voulait rappeler que Berlin ne s'était jamais opposé à des arrangements qui éventuellement eussent pu être favorables aux intérêts russes dans les Dardanelles. La Wilhelmstrasse tendait donc clairemént à faire disparaître les points de dissension avec la grande puissance slave. Au début de novembre on exposa à M. Sazonow les idées que nous venons de développer et il remercia en termes particulièrement chaleureux, en ajoutant qu'elles étaient de la plus haute importance pour la politique russe [2].

Il s'intéressa du reste avant tout à un accord relatif à la Perse. Il s'agissait du chemin de fer de Bagdad, que l'Allemagne, ainsi que nous l'avons déjà vu, construisait pour ouvrir la route de l'Asie Mineure. On

---

1. *Grande Politique*, vol. XXVII, 2 pp. 433 et suiv.
2. *Grande Politique*, vol. XXVII, 2 pp. 841 et suiv.

sait que les Anglais ne voyaient pas d'un bon œil cette entreprise allemande [1]. Mais, dès novembre 1907, l'empereur Guillaume lui-même avait parlé à Sir Edward Grey de l'idée d'un franc accord anglo-allemand à ce sujet [2]. M. Sazonow voulait s'engager à ne mettre d'obstacle d'aucune sorte à la continuation du chemin de fer jusqu'à Bagdad et à se charger lui-même de la construction d'un embranchement en Perse [3]. Ceci n'était évidemment qu'une question secondaire en comparaison des accords politiques d'un caractère général que M. de Bethmann-Hollweg désirait. Quand le ministre russe des Affaires Etrangères fut de retour à Saint-Pétersbourg, le comte Pourtalès, ambassadeur d'Allemagne, lui proposa un accord écrit, dont les dispositions principales devaient être les suivantes : « 1º Le gouvernement impérial allemand qui a reçu du gouvernement impérial et royal d'Autriche-Hongrie les assurances les plus formelles que celui-ci n'a pas l'intention de faire une politique d'expansion en Orient, déclare qu'il n'a ni l'obligation, ni l'intention d'appuyer une politique de ce genre, dans le cas où elle serait suivie par l'Autriche-Hongrie ; 2º Le gouvernement impérial russe déclare qu'il n'a pas pris d'engagement et n'a pas l'intention d'en prendre pour appuyer une politique anti-allemande qui pourrait être suivie par l'Angleterre [4]. Ainsi Berlin demandait de son côté, une protection contre une action commune de l'Empire des tsars et de la Grande Bretagne contre l'Allemagne. Ce n'était certainement pas trop demander, car l'alliance franco-russe devait rester intacte, et

---

1. *Grande Politique*, vol. XXIV, p. 84.
2. *Grande Politique*, vol. XXIV, p. 18.
3. *Grande Pplitique*, vol. XXVII, 2 p. 842.
4. *Grande Politique*, vol. XXVII, 2 p. 847.

aussi bien Pétersbourg que Londres avaient toujours
assuré qu'il n'existait pas entre eux d'accord dangereux pour l'Empire allemand. Mais on s'aperçut bientôt que M. Sazonow ne voulait pas ou plutôt ne pouvait
pas donner l'assurance qu'on lui demandait. Alors
que M. de Bethmann-Hollweg communiquait officiellement à Vienne l'offre qu'il avait faite à la Russie [1]
et prouvait par là combien il prenait l'arrangement
au sérieux, le ministre russe des Affaires Etrangères
s'ingéniait à trouver des prétextes pour se soustraire
à une promesse écrite de ne pas soutenir l'Angleterre
contre l'Allemagne. Ce qui est très caractéristique,
c'est qu'il allégua comme principal motif que, par un
tel « papier » secret, il craignait de se compromettre
à Londres. C'est donc avec raison que M. de Kiderlen-
Wächter remarqua dans une note : « Ce qui, étant
données les expériences que nous avons faites ces dernières années de la politique russe, doit nous frapper
particulièrement, c'est que la Russie craint d'avouer
à l'Angleterre qu'elle ne participera pas aux complots
de l'Angleterre contre l'Allemagne. Il faut évidemment que la Russie soit informée de tels plans de
l'Angleterre si elle craint de s'attirer l'hostilité de
l'Angleterre rien qu'en promettant de ne pas y participer » [2]. Finalement M. Sazonow se retrancha derrière un prétexte banal en rappelant à l'ambassadeur,
le 14 décembre 1910 de « n'appuyer aucune politique
anti-allemande de l'Angleterre », promesse qui avait
été donnée après que l'Empereur allemand eût déclaré
« que l'Allemagne n'encouragerait aucune politique
d'expansion de l'Autriche-Hongrie dans la péninsule
des Balkans » [3]. Dès lors était enterré l'accord écrit

<hr>

1. *Grande Politique,* vol. XXVII, 2 p. 850-851.
2. *Grande Politique,* vol. XXVII, 2 p. 878.
3. *Grande Politique,* vol. XXVII, 2 p. 879.

qui aurait puissamment contribué au maintien de la
paix européenne. Tout le résultat des négociations se
borna à une convention relative aux chemins de fer
persans, laquelle n'avait pour la politique générale
qu'une importance secondaire.

L'attitude de M. Sazonow démontrait clairement
que Saint-Pétersbourg comptait persévérer dans la
voie qu'Iswolski lui avait tracée. Il ne pouvait plus
être question d'un changement fondamental d'orientation. Même si le ministre russe des Affaires Etrangères avait voulu une conversion politique, il lui eût
été impossible de l'exécuter. A peine les premières
allusions aux pourparlers de Potsdam firent-elles
leur apparition dans la presse que se mirent à pleuvoir
sur la Néva les protestations et les avertissements des
gouvernements français et anglais. La plus grande
excitation régna pendant plusieurs semaines à Paris [1]
et l'ambassadeur d'Angleterre, Sir George Buchanan, qui venait de remplacer Sir Arthur Nicolson à
Saint-Pétersbourg, ne cessait de faire des remon-
trances à M. Sazonow, » car, écrit-il lui-même [2], si
le gouvernement russe ne s'apercevait pas à temps
qu'il existe une limite qu'on ne saurait transgresser,
le gouvernement allemand réussirait à désunir les
puissances de l'Entente. » C'était là, en effet, le point
de vue décisif : les lignes de la situation générale
étaient fixées une fois pour toutes et elles ne devaient
plus être changées. L'Empire allemand devait rester
encerclé, après comme avant, par la Triple-Entente.
Ainsi Potsdam fut pour Berlin une tentative manquée
de faire une brèche dans la muraille de son isolement,
et au fond il n'y eut rien de changé. Il n'y eut aucun

---

1. Comp. STIEVE, *Iswolski et la grande guerre mondiale*, pp. 11 et
suiv.

2. BUCHANAN, *Ma mission en Russie*, p. 54.

changement non plus dans l'attitude de la Russie, et le Tsar, quand on lui demanda s'il sortirait de l'entrevue de Potsdam une modification de la politique russe put répondre en toute vérité : « Aucune, mais elle nous procurera la tranquillité pour une année ou deux. Nous gagnons du temps [1]. » Les évènements qui suivirent nous diront pourquoi la grande puissance slave avait besoin de gagner du temps. Pour le moment, bornons-nous à mentionner que M. Iswolski, le prédécesseur de M. Sazonow, fut nommé ambassadeur de Russie à Paris, où il rejoignit son poste à la fin de 1910.

L'union étroite des puissances de l'Entente se manifesta dès l'année suivante d'une façon directement menaçante à l'occasion de ce que l'on appelle la seconde crise du Maroc. En mars 1911, un nouveau ministère arriva au pouvoir à Paris, et M. Delcassé en fit partie. Il est vrai qu'il n'était que ministre de la marine, et l'on déclara publiquement qu'il n'exerçait aucune influence sur la politique, mais on peut conclure de divers indices que son esprit déteignait sur ses collègues de cabinet. Peu après le changement de gouvernement, l'ambassadeur de France à Berlin, Jules Cambon, communiqua à la Wilhelmstrasse que des troubles avaient éclaté à Fez, résidence du Sultan du Maroc, que la République pourrait être obligée d'y envoyer des troupes pour protéger les Européens [2]. Dans sa réponse, M. von Kiderlen-Wächter ne cacha pas qu'il était à craindre que l'opinion publique allemande n'interprétât l'occupation d'un second port important (outre Casablanca) par la France comme un premier pas pour annuler la convention

---

1. Georges Louis, *Carnets*, p. 81.
2. *Grande Politique*, vol. XXIX, pp. 78-79.

d'Algésiras [1]. A Berlin, et ailleurs aussi, on démêla immédiatement l'intention secrète des Français de passer de la pénétration pacifique au Maroc à l'occupation militaire. Le 15 mai, le gouvernement allemand fut informé officiellement que Paris devait se décider effectivement à occuper Fez, mais que l'occupation ne durerait que le temps strictement nécessaire [2]. Des troupes françaises pénétrèrent en effet dans la ville. En Allemagne, il y eut d'abord des divergences d'opinion sur l'attitude qu'on devait prendre. L'Empereur fut d'avis qu'il n'était qu'avantageux de voir les Français s'engager au Maroc militairement et pécuniairement. « Il ne fallait pas les en empêcher, et surtout on ne devait pas songer à y envoyer comme autrefois des vaisseaux de guerre [3] ». Par contre, le raisonnement de M. de Kiderlen-Wächter était le suivant : le Sultan du Maroc avait perdu son indépendance, puisque dorénavant il ne régnait qu'à la faveur des baïonnettes françaises. Le traité d'Algésiras avait donc cessé d'être en vigueur. Par conséquent les puissances intéressées à ce traité avaient leur pleine liberté d'action. Afin d'obtenir de la France des compensations pour l'occupation du Maroc, l'Allemagne devait envoyer des navires dans les ports du Maroc du sud, à savoir à Agadir et à Mogador, où des maisons de commerce allemandes avaient d'importants intérêts, et ensuite avec un « gage » en main, passer aux négociations [4]. L'idée d'accorder des compensations territoriales à l'Allemagne avait aussi ses partisans en France et fut même expressément mentionnée par M. Cambon.

----

1. *Grande Politique*, vol. XXIX, p. 80.
2. *Grande Politique*, vol. XXIX, p. 118.
3. *Grande Politique*, vol. XXIX, p. 118.
4. *Grande Poli ique*, vol. XXIX, p. 101.

Mais M. von Kiderlen craignait que si le Maroc tombait entièrement entre les mains de la France sans que l'Allemagne n'eût rien entrepris, celle-ci ne recevrait que fort peu de chose. Lorsque ensuite, en juin 1911, l'Espagne [1], à l'instar de la France, débarqua des troupes près d'Alcazar pour protéger cette localité et Larache contre « des Kabyles insurgés », le sous-secrétaire d'Etat, M. Zimmermann, qui remplaçait le Secrétaire d'Etat aux Affaires Etrangères, insista, d'accord avec les intentions de M. von Kiderlen, sur la nécessité d'une action de l'Allemagne. Il fit remarquer dans une note que la France tendait à présenter l'établissement du protectorat sur le Maroc comme un acte conforme au traité d'Algésiras tandis qu'il était tout le contraire. De cette façon, le gouvernement allemand, qui s'était toujours entremis pour l'indépendance du Sultan et pour l'égalité des droits des États intéressés, subissait une grave défaite aux yeux du monde et de son propre pays. Une protestation trop tardive donnerait le temps à la France de soulever partout l'opinion publique, pour refuser ensuite toute compensation. Il fallait donc faire savoir à Paris qu'en se basant sur les derniers événements on était arrivé à la conviction qu'il n'y avait plus de Maroc indépendant, et que toutes les puissances libérées des stipulations de l'acte d'Algésiras, pouvaient, à l'égal de l'Espagne et de la France prendre des mesures pour la protection de leurs intérêts. Ensuite il fallait envoyer quatre croiseurs à Mogador et à Agadir et, après leur arrivée à destination, déclarer qu'on ne voulait faire à la France et à l'Espagne de difficultés d'aucune espèce et qu'on était prêt à toute conversation [2]. Le but de

---

1. *Grande Politique*, vol. XXIX, pp. 140 et suiv.
2. *Grande Politique*, vol. XXIX, pp. 142 et suiv.

la Wilhelmtrasse était très clair. Exactement comme en 1909, les dirigeants de la politique allemande voulaient supprimer tout antagonisme avec la France dans l'Afrique du Nord. La République pourrait dorénavant s'y étendre sans obstacle, mais, en retour de cette concession, on espérait pouvoir, à un moment donné, demander une compensation aussi ample que possible. Le 26 juin, l'Empereur se rallia à ce plan. Le 30 juin, les puissances signataires de l'acte d'Algésiras furent informées par écrit que l'Allemagne enverrait à Agadir pour la protection de ses sujets un navire de guerre qui y resterait pendant la durée des troubles marocains et en même temps on leur donna des explications orales dans le sens de la note de M. Zimmermann [1]. Là-dessus le croiseur *Panther* fit route pour Agadir.

La démarche de l'Allemagne, qui n'était point une surprise pour les initiés, fut d'abord accueillie partout avec un calme relatif. Le ministre français des Affaires Etrangères fut « étonné, il est vrai, mais non consterné » [2] et la presse parisienne montra dans les premiers jours beaucoup de modération. Rome et Saint-Pétersbourg restèrent plutôt indifférents [3]. Seul Sir Arthur Nicolson, le nouveau sous-secrétaire d'Etat au Foreign Office, et l'ancien ambassadeur à Saint-Pétersbourg, fit observer qu'Agadir n'était pas un port ouvert, et demanda si l'Allemagne débarquerait des troupes, question à laquelle le comte Metternich ne put encore répondre immédiatement [4]. Peu après, Sir Edward Grey déclara qu'il s'était produit une nouvelle situation délicate qui obligeait

<hr>

1. *Grande Politique*, vol. XXIX, p. 152.
2. *Grande Politique*, vol. XXIX, pp. 158 et suiv.
3. *Grande Politique*, vol. XXIX, p. 156.
4. *Grande Politique*, vol. XXIX, pp. 157-158.

l'Angleterre à poursuivre ses propres intérêts au Maroc [1]. Une communication écrite, rédigée dans ce sens, suivit le 4 juillet. Trois jours plus tard le ministre français des Affaires Étrangères déclara son accord d'entrer en pourparlers avec Berlin, et Cambon, qui de Paris retourna dans la capitale allemande, reçut pleins pouvoirs pour discuter des compensations [2]. Sa première entrevue avec M. von Kiderlen se passa relativement bien. On prononça le nom du territoire du Congo français comme objet de compensation, et le représentant de la République fut manifestement soulagé en constatant que l'Allemagne n'élevait pas de prétentions au Maroc même [3]. Dans l'intervalle, l'Empereur insistait pour une conclusion rapide afin de faire cesser au plus vite la tension existante [4]. Dans une deuxième entrevue avec M. Cambon, le 15 juillet, M. von Kiderlen déclara carrément qu'il voulait « le Congo Français et en entier [5] ». L'ambassadeur déclara cette demande inacceptable.

A la suite de cette dernière conversation éclata presque immédiatement une crise dont le théâtre fut moins Paris que Londres. Le 21 juillet, Sir Edward Grey eut une sérieuse conversation avec le comte Metternich. Le ministre britannique des Affaires Étrangères demanda ce qu'au fond l'Allemagne voulait faire à Agadir et laissa entendre qu'il craignait une installation au Maroc même [6].

Le même jour, le chancelier de l'Echiquier, M. Lloyd George, prononça à Londres un discours dans lequel

---

1. *Grande Politique,* vol. XXIX, p. 167.
2. *Grande Politique,* vol. XXIX, pp. 172-173.
3. *Grande Politique,* vol. XXIX, p. 176.
4. *Grande Politique,* vol. XXIX, p. 178.
5. *Grande Politique,* vol. XXIX, p. 185.
6. *Grande Politique,* vol. XXIX, p. 199.

il parla de l'honneur national de la Grande-Bretagne et menaça très nettement de la guerre dans le cas où l'Angleterre serait « laissée de côté dans le conseil des nations », là ou des intérêts vitaux étaient en jeu [1]. Le monde entier prit aussitôt ces paroles comme une menace à l'adresse de l'Allemagne. D'un seul coup l'affaire marocaine tout entière prenait une tournure menaçante. A quoi visait la Grande-Bretagne ? Etait-elle décidée à tirer l'épée pour soutenir la France ? Une profonde irritation se manifesta dans toute l'Allemagne, où personne ne pensait à un conflit armé. Le gouvernement s'abstint de faire une réponse publique à M. Lloyd George, afin de ne pas envenimer les choses, mais chargea le comte de Metternich de présenter une vive protestation, qui fut faite le 25 juillet [2].

Auparavant déjà il avait fait donner l'assurance qu'un débarquement à Agadir n'était prévu que pour le cas de nécessité extrême [3]. Peu à peu le calme se rétablit. Il est vrai que les négociations entre Paris et Berlin se prolongèrent longtemps encore, mais, le 4 novembre 1911, on réussit à conclure une convention en vertu de laquelle l'Allemagne obtenait une portion du Congo français pour arrondir la colonie du Cameroun, tandis que de son côté elle renonçait à toute immixtion au Maroc.

Si l'on jette un coup d'œil sur l'ensemble des évènements, la façon brusque dont l'Allemagne avait procédé paraît d'abord incompréhensible. Croyait-on réellement à un danger de guerre ou voulait-on même provoquer un conflit armé ? Encore aujourd'hui nous ne sommes pas encore tout à fait éclairés sur ce

---

1. *Grande Politique*, vol. XXIX, p. 207.
2. *Grande Politique*, vol. XXIX, p. 213.
3. *Grande Politique*, vol. XXIX, p. 204.

qui se passa à Londres derrière la coulisse. Le représentant du parti travailliste anglais, M. Keir Hardie, parla plus tard de « l'état d'esprit maladif qui régnait dans quelques têtes du Foreign-Office » [1]. Certains indices font supposer que Sir Edward Grey appréhendait un coup de main de la flotte allemande, d'autres indiquent que le même Grey faisait un grief aux Russes de leur indifférence dans la question du Maroc et que l'ambassadeur d'Angleterre conseillait à Paris une résistance courageuse. Il y a là des points obscurs que le temps devra éclaircir. Une chose cependant est claire, c'est que, dans la période qui précède et qui suit le 20 juillet, la Grande-Bretagne était de nouveau prête à soutenir la France jusqu'au bout, ainsi qu'en font foi déjà les préparatifs militaires auxquels on procéda en toute hâte. Non seulement on mobilisa une partie de la flotte [2], mais le Chef du grand Etat-major britannique, le général Wilson, se rendit en toute hâte à Paris où il concerta avec le Chef du grand Etat-major français, le général Dubail, d'amples mesures pour la coopération des deux armées de terre. On fixa à six divisions les troupes anglaises qui devaient être débarquées dans le nord de la France [3]. Les liens qui unissaient les deux pays se resserrèrent encore plus que par le passé, et cela signifiait une recrudescence de danger pour l'Allemagne.

Peu après, le capitaine anglais Faber publia, au sujet des préparatifs militaires précipités du Gouvernement anglais, des détails qui firent beaucoup de bruit et qui valurent au cabinet libéral dirigé alors

---

1. *Grande Politique*, vol. XXIX, p. 283.
2. Tirpitz, *Aufbau der deutschen Wehrmacht*, p. 198.
3. *Les armées françaises dans la Grande Guerre*. Imprimerie Nationale, Paris 1925, I, p. 48.

par Lord Asquith d'acerbes critiques jusque dans son propre parti. Tout d'un coup les milieux intelligents comprirent qu'en prenant position contre les Puissances centrales on était passé près d'un très grave péril. Vers la fin de l'année 1911 ce fut surtout contre Sir Edward Grey que furent dirigées de violentes attaques. [1] On se mit à douter de l'opportunité de sa politique. Ce qui pesa surtout dans la balance ce fut que, précisément alors, s'était élevé un conflit aigu entre la Grande-Bretagne et la Russie. Cette dernière voulait pousser une pointe contre Téhéran afin de mettre complètement sous sa dépendance la partie de la Perse qu'on lui avait attribuée comme sphère d'influence, chose que l'Angleterre, qui tenait à maintenir l'apparence de la liberté de la Perse, ne tolérait pas. On en vint presque à une rupture, et quand en décembre M. Sazonow, ministre russe des Affaires Etrangères, arriva à Paris, M. Iswolski dut l'avertir sérieusement du danger qu'il y avait à compromettre « l'entente anglo-russe [2]. »

La conséquence des expériences ci-dessus fut qu'en Angleterre s'affirma une tendance à s'entendre avec l'Allemagne [3]. D'autre part, comme l'Allemagne s'était soudain vue menacée par l'Angleterre, elle acquit la ferme conviction qu'il fallait mieux se protéger et s'armer que par le passé. — « Nous savons maintenant où est l'ennemi ! » s'écria au Reichstag le chef du parti conservateur, M. von Heydebrand, qui exprimait par ces paroles les sentiments de la majorité de la nation [4]. Cette disposition des esprits fournit un terrain favorable à ceux qui pensaient

---

1. *Grande Politique*, vol. XXIX, p. 263.
2. Comp. *Europaische Gesprache*, 1924, fasc. 2, pp. 119 et suiv.
3. *Grande Politique*, vol. XXXI, p. 72.
4. *Grande Politique*, vol. XXXI, pp. 31 et 32.

qu'on ne pouvait se protéger contre les mesures agressives de l'Angleterre qu'en continuant à renforcer la flotte allemande. Ainsi s'explique qu'en automne 1911, M. von Tirpitz et l'Empereur exigèrent «péremptoirement » pour le printemps suivant la présentation au Reichstag d'un projet d'une loi navale additionnelle qui demanderait pour les six années suivantes une augmentation du plan de construction primitif des grands vaisseaux de ligne [1]. De la différence de la situation naquit de part et d'autre une façon de procéder différente, qui se manifesta particulièrement au moment où du côté anglais on se mit à sonder le terrain pour une entente.

Le 29 janvier 1912, Sir Ernest Cassel, agissant probablement de concert avec M. Lloyd George et aussi sir Edward Grey, encouragé en même temps par M. Ballin, soumit à Guillaume II lui-même un projet de négociations. L'Allemagne devait reconnaître la supériorité maritime de la Grande-Bretagne et ne pas augmenter ses armements navals, les restreindre même si possible. En revanche l'Angleterre ne s'opposerait pas à une expansion coloniale de l'Allemagne, et même, si faire se pouvait, la favoriserait. En outre, il proposait un échange de déclaration, qui devait engager les deux puissances à ne pas participer à des plans d'agression ou à des combinaisons dirigées contre l'une des parties [2].

L'Empereur approuva en principe tout en faisant remarquer qu'il ne pourrait pas renoncer à la nouvelle loi navale. Il s'agissait du plan de construire, dans chacune des années de 1912 à 1917, alternativement trois ou deux dreadnoughts. Le comte Met-

---

1. *Grande Politique*, vol. XXXI, p. 97 et suiv.

ternich, à Londres, éleva aussitôt l'objection que la loi navale et la promesse de ne pas augmenter les armements navals se contredisaient et que l'assurance de neutralité en cas de guerre n'avait pas de valeur du moment qu'on ajoutait le mot « agression » puisqu'au besoin on pouvait toujours interprèter à volonté la notion d'agression. On ne pourrait détacher l'Angleterre de l'Entente qu'en laissant tomber la nouvelle loi navale [1]. Par contre, le chancelier impérial était d'avis qu'il ne pouvait être question de laisser tomber la loi que si l'on obtenait en même temps « des gages suffisants d'une orientation amicale de la politique anglaise. » [2]. Cette divergence d'opinions fut, ainsi que nous ne tarderons pas à le voir, décisive pour la marche des évènements.

Le 8 février 1912, le ministre britannique de la guerre, Lord Haldane, qui avait des sympathies prononcées pour l'Allemagne, vint à Berlin. Il eut d'abord avec M. de Bethmann-Hollweg un entretien où furent exprimés les désirs mutuels de préparer de meilleures relations [3]. Puis, le 9 février, en présence de Guillaume II, au château impérial, eut lieu une longue conversation entre l'amiral Tirpitz et Lord Haldane. Selon les indications de l'Empereur, on prévit une entente politique et l'on convint en outre que l'Allemagne pourrait avoir la troisième escadre que devait lui donner la nouvelle loi sur la flotte, mais qu'elle ne commencerait les constructions qu'en 1913, et que, cette année-là, ainsi que dans chacune des années 1916-1919, elle ajouterait un nouveau navire aux deux dreadnougts réguliers [4]. Le chancelier im-

---

1. *Grande Politique*, vol. XXXI, p. 100.
2. *Grande Politique*, vol. XXXI, p. 103-104.
3. *Grande Politique*, vol. XXXI, p. 109.
4. *Grande Politique*, vol. XXXI, pp. 103-104.

périal, qui tenait à écarter complètement les désaccords existants, se mit aussitôt à élaborer un projet de convention. Le point essentiel en fut que de part et d'autre on devait s'assurer une neutralité bienveillante en cas de guerre. Toutefois, Lord Haldane ne voulut considérer cet engagement comme valable qu'en cas d'attaque non provoquée, ce qui évidemment était un terme élastique. De plus, il déclara ignorer si la concession faite au sujet des constructions navales suffirait au cabinet britannique et proposa de renoncer à toute construction supplémentaire pendant les trois premières années. On s'entendit en outre sur des transactions coloniales. L'Allemagne devait recevoir tout l'Angola et l'Angleterre Timor. En outre, l'Allemagne devait avoir le droit d'acheter quand l'occasion se présenterait des parties du Congo belge, et, de plus, recevoir Zanzibar et Pemba, en échange de l'autorisation accordée à l'Angleterre d'une participation au chemin de fer de Bagdad [1]. Tout cela tendait exactement, comme les négociations avec la Russie qui avaient eu lieu lors de l'entrevue des Empereurs à Potsdam, à écarter de façon absolue les points de dissension. A Berlin, on considéra tout d'abord les perspectives comme favorables. Le résultat de la première prise de contact avait été satisfaisant.

Toutefois, lorsque Lord Haldane fut de retour à Londres, et que les propositions qu'il avait apportées eurent été examinées par le Conseil des ministres, on commença bientôt à avoir des doutes sur la possibilité de les mener à bien. Le 22 février Sir Edward Grey informa le comte Metternich « que l'amirauté britannique, après un examen approfondi de la nou-

---

1. *Grande Politique*, vol. XXXI, pp. 117 et suiv.

velle loi allemande sur la flotte, éprouvait de vives hésitations, surtout à cause de l'augmentation des équipages prévue, qu'elle se voyait dans l'obligation de prendre des contre-mesures considérables, et qu'il ne lui serait guère possible de conclure un accord politique destiné à préparer une ère nouvelle de meilleures relations anglo-allemandes, tant que de part et d'autre on procéderait simultanément à une augmentation des armements maritimes » [1]. Tout en insistant sur son désir de parvenir à un arrangement, il fit également des objections au sujet des échanges coloniaux. Dans toute cette affaire on ne doit pas perdre de vue que peu auparavant avait été liquidé le conflit entre la Grande-Bretagne et la Russie relatif à la Perse, dont il a été question plus haut, et que par suite le besoin d'une modification de sa politique se trouvait de nouveau amoindri pour l'Angleterre.

Dans la suite, la situation devint critique, principalement parce que, du côté anglais, ainsi que nous l'avons vu plus haut, on déclara qu'un rapprochement politique ne serait possible que si l'atmosphère était purifiée par de plus grandes concessions de l'Allemagne au sujet des constructions navales, tandis que, d'autre part, Berlin ne pensait pouvoir faire de telles concessions que si un traité de neutralité aussi net que possible garantissait une attitude amicale de la Grande-Bretagne envers l'Allemagne. Il est évident que dans une telle situation il n'était guère possible d'aboutir à un arrangement.

M. de Bethmann-Hollweg n'en combattit pas moins avec toute son énergie en faveur de cet arrangement. Quand l'Empereur et l'Office de la marine, impa-

---

1. *Grande Politique*, vol. XXXI, p. 129.

tientés par les objections de Londres, voulurent présenter la loi navale additionnelle au Reichstag, avant que fût éclairée la position prise par Londres, il alla même jusqu'à offrir sa démission. Aussitôt que Guillaume II eut cédé et promis d'attendre, ce fut M. de Tirpitz qui voulut démissionner. Au début de mars, Sir Edward Grey parlait déjà de son espoir que, même sans accord, la mission de Haldane profiterait à la confiance réciproque [1]. Au fond, il ne croyait donc plus à une réussite. Tout à la fin, le chancelier allemand demanda, en s'appuyant partiellement sur un ordre de son souverain, « une convention garantissant la neutralité de l'Angleterre... et approchant d'une alliance défensive [2]. » Le ministre britannique des Affaires Etrangères répondit que c'était là plus que ce qu'on avait accordé à la France et à la Russie. A la fin de mars arriva le refus définitif de Londres [3].

Telle fut la fin de la dernière tentative d'accord entre l'Allemagne et le Royaume insulaire. A proprement parler, elle ne fut dès le début, ainsi que le comte Metternich l'avait dit avec insistance, qu'un enfant mort-né, parce que les divergences étaient déjà trop développées. L'Angleterre ne pouvait plus se détacher de l'Entente comme on le lui proposait. Lord Haldane avoua franchement que son gouvernement ne voulait pas compromettre « ses relations amicales avec la France et la Russie » [4]. Et à Paris, où Sir Edward Grey fit part du fait que l'Allemagne demandait la conclusion d'un traité de neuralité, on déclara que la signature d'un tel traité « mettrait

---

1. *Grande Politique*, vol. XXXI, p. 158.
2. *Grande Politique*, vol. XXXI, p. 189.
3. *Grande Politique*, vol. XXXI, pp. 250 et suiv., 210 et suiv.
4. *Grande Politique*, vol. XXXI, p. 125.

fin d'un seul coup aux relations franco-anglaises
actuelles » [1].

En Allemagne d'autre part, la méfiance contre les
intentions de l'Empire mondial britannique, qui était
particulièrement forte chez Guillaume II et chez
l'amiral Tirpitz, interdisait une restriction importante des armements sans la certitude qu'aucune
attaque anglaise n'était à craindre. A la fin, l'Empereur alla jusqu'à prétendre que l'Angleterre avait
fait semblant de vouloir se rapprocher de l'Allemagne
afin de l'empêcher de construire ses nouveaux navires [2].

En fin de compte la situation avait empiré au lieu
de s'améliorer. La course aux armements continua
de plus belle. La nouvelle loi allemande sur la flotte
fut présentée et votée. Le parlement britannique
vota lui aussi de nouvelles constructions et l'amirauté
britannique transféra la base de la flotte atlantique
de Gibraltar dans un port d'attache de la mer du
nord [3].

Le chancelier impérial, M. de Bethmann-Hollweg,
n'avait donc réussi à percer d'aucun côté le triple
front de l'Entente. La Russie n'osait tenter aucun
rapprochement par égard à ses alliés. Un antagonisme incurable séparait l'Allemagne de l'Angleterre.
Et la crise marocaine, qui devait liquider le conflit
avec la France dans l'Afrique du nord, amena au
contraire, ainsi que le démontreront les futurs événements, un élargissement du fossé entre la République et l'Empire allemand. La situation politique,
telle qu'elle s'était développée au cours des années
était déjà plus puissante que la volonté des individus

1. *Correspondance diplomatique d'Iswolski*, II, p. 377.
2. *Grande Politique*, vol. XXXI, p. 209.
3. *Grande Politique*, vol. XXXI, p. 198.

isolés qui tentaient de lui résister. Devant elle durent s'incliner, au fond, aussi bien un Sazonow qu'un Grey ou un Bethmann-Hollweg. C'était là ce qui constituait l'inexorable gravité de l'heure. L'Europe était et restait scindée en deux parties, séparées par un abîme qu'aucun pont ne pouvait plus franchir. Et cette scission menaçait d'un conflit dès l'instant que l'une des parties commencerait d'une façon quelconque à aller de l'avant contre l'autre. Ce fut précisément ce qui se produisit dans les années qui suivirent.

V

Les agissements de la France au Maroc eurent
des conséquences tout à fait néfastes. Quand
il fut évident que la République française
allait atteindre le but qu'elle poursuivait depuis longtemps dans la Méditerranée, d'autres puissances qui
élevaient des prétentions en Afrique décidèrent également de procéder à la réalisation de leurs désirs. Ce
fut d'abord l'Italie qui, s'appuyant sur les conventions de 1900 et 1902 avec la France et sur le traité de
Racconigi de 1909, manifesta l'intention d'annexer
la Tripolitaine et la Cyrénaïque. Le 28 septembre 1911
elle adressa à la Turquie un ultimatum dans lequel
elle réclamait de vastes réformes pour les territoires
en question et menaçait d'une occupation. Ainsi commença la guerre dite de Tripolitaine, qui, au fond, était
une véritable campagne de conquête de la part du
gouvernement italien.

Peu de mois auparavant, la Russie, en connexion
étroite avec l'action de la France au Maroc, avait entrepris une démarche destinée à se rapprocher de la
solution de la question des Détroits. Le 5 mai 1911,
M. Nératow, adjoint du ministre des Affaires Etrangères Sazonow, demanda à l'ambassadeur de Russie à
Paris de s'assurer, au sujet de cette question, que la
France s'engageait à « ne pas s'opposer au point de
vue russe et à des démarches éventuelles russes, au
moment où la Russie jugerait nécessaire de passer à
des pourparlers ou peut-être même à des actes déter-

minés [1].» Le gouvernement français hésita longtemps
avant de répondre, car il sentait fort bien qu'il devait
être très prudent au sujet de Constantinople à cause
de l'attitude de l'Angleterre. Ce ne fut que le 4 janvier 1912 que par une note verbale il se déclara prêt
à un échange de vues au sujet de la satisfaction... que
le gouvernement russe pourrait peut-être se trouver
contraint de demander dans la question du Bosphore
et des Dardanelles, dans le cas où des circonstances
nouvelles rendraient nécessaires l'examen de la question des Détroits [2]. C'était là une promesse assez élastique dont Saint-Pétersbourg ne pouvait pas tirer
grand'chose.

Mais, dans l'intervalle on s'était, à Saint-Pétersbourg
engagé dans une autre voie pour avancer mieux si
possible. Alors que la Porte se trouvait aux prises avec
l'Italie, le 1er décembre 1911, M. de Tcharykow, ambassadeur de Russie à Constantinople, par ordre de
M. Nératow, exigea soudainement du gouvernement
ottoman qu'à l'avenir les Détroits fussent ouverts au
bâtiments de guerre russes [3]. L'émotion fut vive à
Constantinople. On affirmait que, si l'on cédait, c'était
le commencement de la fin pour la Turquie, parce que
la demande russe mènerait infailliblement à la domination de l'Empire des tsars sur la capitale [4], et l'on
craignait même que la guerre n'éclatât. Le représentant de l'Allemagne, M. Marschall von Bieberstein
entra en violente opposition avec Berlin, parce qu'on
s'y montrait disposé à faire bon accueil au désir de
Saint-Pétersbourg [5]. Il fallut l'intervention de M. Sa-

---

1. *Correspondance diplomatique d'Iswolski*, I, 132.
2. *Correspondance diplomatique d'Iswolski*, II, 125.
3. *Grande Politique*, vol. XXXI, p. 212.
4. *Grande Politique*, vlo. XXXI, p. 213.
5. *Grande Politique*, vol. XXXI, p. 206.

zonow, qui se trouvait à cette époque à Paris, pour que l'affaire n'allât pas plus loin. Le ministre russe des Affaires Etrangères apprit, en effet, de son ambassadeur à Londres, qui se rencontra avec lui à Paris, que l'Angleterre désapprouvait la démarche russe [1]. Comme à cette époque, ainsi que nous le savons, le conflit entre la Grande-Bretagne et l'Empire des tsars au sujet de la Perse se trouvait à son point culminant, il était à craindre que la brusque manière d'agir de M. Tcharykow n'augmentât encore la mauvaise humeur de Londres. Pétersbourg se hâta donc de battre en retraite.

Malgré tout, M. Sazonow ne s'avoua pas encore vaincu. Bien plus, il espéra gagner sa cause par une action diplomatique habile. De retour dans sa patrie, il prit l'initiative d'une médiation en faveur de la paix entre la Turquie et l'Italie. Profitant d'un moment où les troupes italiennes se trouvaient dans une situation assez précaire en Tripolitaine, il proposa, le 19 décembre, que toutes les puissances recommandassent simultanément à Rome et à Constantinople la conclusion d'un armistice selon lequel les Turcs devraient retirer leurs troupes et abandonner aux agresseurs les territoires qu'ils demandaient [2]. Or, tandis que la Wilhelmstrasse prenait de nouveau une attitude amicale, les représentants des puissances étrangères à Constantinople, qui voyaient plus nettement la situation, déclarèrent à l'unanimité ces offres inacceptables pour la Porte [3] parce que les accepter aurait les pires conséquences pour l'existence de l'Empire Ottoman. Les Arabes en effet prenaient part aussi à la résistance contre les Italiens. Eux et avec eux le monde

1. *Grande Politique*, vol. XXXI, p. 218.
2. *Grande Politique*, vol. XXXI, p. 259.
3. *Grande Politique*, vol. XXXI, pp. 286-288.

mahométan tout entier, auraient considéré comme
une trahison envers l'Islam un fléchissement du gouvernement turc et cela aurait déchaîné contre Constantinople une tempête d'indignation qui aurait conduit probablement à la désagrégation de la Turquie [1].
L'ambassadeur de Russie, M. Tcharikow, qui, pour
des considérations analogues, s'était tourné contre son
ministre, fut rappelé de son poste peu après. Finalement, l'Italie posa à la Porte des conditions dont l'ampleur rendait le refus facile. M. Sazonow avait essuyé
un échec.

Dans l'intervalle se préparait en Proche-Orient une
évolution extrêmement importante qui promettait
de grands succès à l'Empire des tsars.

Au moment où l'Italie remettait son ultimatum à
la Porte, les Balkans commencèrent à s'agiter. Le
29 septembre, le ministre de Russie à Sofia annonça
qu'en cas de troubles intérieurs en Turquie, on ne
pourrait pas retenir les Bulgares [2]. Deux jours plus
tard, M. Hartwig manda de Belgrade qu'aucun gouvernement serbe ne pourrait plus tenir son peuple en
bride si la Bulgarie occupait la Macédoine, ou une révolution éclaterait dans l'Empire Ottoman [3], ou encore si
l'Autriche-Hongrie pénétrait dans le Sandjak. La
Russie profita aussitôt de l'occasion pour pousser les
deux Etats à faire cause commune. M. Hartwig en
particulier déploya une activité infatigable en ce sens.
Pendant les négociations qui se prolongèrent plusieurs
mois, il fallut avant tout mettre d'accord les revendications des deux parties et combiner les intentions de
la Bulgarie, qui se tournait en première ligne contre la
Turquie, avec les désirs de la Serbie, dirigés principa-

1. *Grande Politique,* vol. XXXI, pp. 268-269.
2. *Kriegsschuldfrage,* année III, p. 789.
3. *Kriegsschuldfrage,* année III, p. 790.

lement contre l'Autriche-Hongrie. Dans le traité définitif, signé le 29 février 1912, la Bulgarie et la Serbie se promirent un secours militaire mutuel dans le cas où la Monarchie danubienne tenterait, ne fût-ce que provisoirement, d'annexer, d'occuper ou de garnir de troupes un territoire quelconque des Balkans, actuellement sous la domination turque, c'est-à-dire le Sandjak. « Dans l'annexe secrète il était stipulé que, si des troubles éclataient en Turquie, ou que le *statu quo* fût en danger dans la péninsule des Balkans, les deux parties s'entendraient sur une intervention et en informeraient la Russie pour laisser à celle-ci la décision finale. L'Empire des tsars devait en outre avoir le droit de trancher tous les différends entre les parties contractantes [1]. »

De cette façon, la grande puissance slave s'était fait assurer la surveillance de l'entreprise projetée en secret et que dorénavant elle pourrait diriger à son gré. Bientôt la Grèce et le Monténégro adhérèrent à l'alliance. M. Hartwig, qu'on exaltait comme l'un des principaux créateurs des stipulations [2], savait exactement ce qu'il voulait. Le 5 novembre, il caractérisait la politique russe en ces termes : « Selon moi, cette politique poursuit deux buts clairs et parfaitement définis : 1º Réaliser l'idéal des populations slaves réveillées à une vie indépendante, ce qui suppose le partage de toutes les possessions turques entre ces populations historiques, vieilles de plusieurs siècles, dans la péninsule balkanique ; 2º Prendre pied solidement sur les rives du Bosphore, porte d'entrée du lac russe [3]. » On ne pouvait exprimer plus clairement ce que

1. Ministère des Affaires Étrangères : *Documents tirés des archives secrètes russes*, pp. 32 et suiv.
2. *Kriegsschuldfrage*, année, III, pp. 815 et suiv.
3. *Kriegsschuldfrage*, année III, p. 805.

Pétersbourg se promettait de l'alliance des Etats balkaniques : détruire la Turquie d'Europe et ouvrir à la Russie la route de Constantinople. Ce qu'on ne pouvait atteindre par des démarches diplomatiques, on le préparait en envisageant l'emploi de la force. Cela ne constituait pas seulement une menace directe pour la Turquie, mais une menace indirecte pour l'Autriche-Hongrie, car, outre que toute action indépendante devait se trouver interdite à ce pays, il était naturel que l'accroissement des forces des pays balkaniques dirigés par la Russie comportât un redoutable danger pour la Monarchie danubienne, qui ne tarderait guère à devenir l'objectif des attaques de ses ambitieux voisins. Ainsi grandissait en secret contre les puissances centrales une menace qui pouvait avoir les pires conséquences.

Tout en creusant la mine balkanique, la Russie songeait à ses propres intérêts. Peu avant la conclusion du traité bulgaro-serbe, le 14 février, M. Sazonow soumit aux Français un questionnaire qui, en étroite concordance avec les directives de la convention projetée à Sofia et à Belgrade suggérait une entente de la République et de l'Empire des tsars pour le cas où se produirait une crise intérieure en Turquie, ou une action de l'Autriche, ou un conflit armé entre la Porte et l'une des puissances balkaniques [1]. Le ministre russe des Affaires Etrangères voulait connaître l'attitude probable de la France et si possible s'assurer l'appui de son alliée d'outre-Rhin précisément pour les cas prévus dans le traité serbo-bulgare en préparation, comme des occasions de commencer l'attaque. Paris, pour autant qu'on sait, évita de répondre. On

---

1. *Les Affaires Balkaniques*, A. I, p. 9.

jetait des regards furtifs sur Londres et l'on savait qu'il fallait se tenir sur ses gardes.

D'ailleurs il n'est pas douteux que, sur les bords de la Seine, on ne voyait pas volontiers l'allié russe se disposer à réaliser de son propre chef ses aspirations nationales. N'était-il pas à craindre qu'une fois arrivé au but il ne perdît tout intérêt pour les aspirations particulières de la France ? La dernière crise marocaine, durant laquelle l'Empire des tsars s'était montré il est vrai diplomatiquement bienveillant, mais, somme toute, froid et réservé, parce que les acquisitions françaises dans l'Afrique du Nord lui étaient fort indifférentes, avait été sous ce rapport, une leçon très claire.

Ces réflexions devaient s'imposer à la France avec une force particulière, si l'espoir de récupérer l'Alsace-Lorraine et d'amoindrir la puissance de l'Allemagne se ravivait. Or ce fut ce qui se produisit à peu près à la même époque. Pendant les jours critiques de l'été 1911, quand l'Allemagne osa le « bond de la Panthère » contre Agadir et que peu après l'Angleterre montra le poing pour protéger la République, l'orgueil national gaulois s'était accentué d'une façon remarquable. Il se sentait affermi et animé par l'empressement presque inattendu de l'Angleterre à défendre les droits français, et ce ne fut pas la moindre des causes qui firent ressentir le procédé de Berlin comme une humiliation. Le ministère Monis dut se retirer après la conclusion de l'accord du Congo avec l'Empire allemand et faire place le 14 janvier 1912, à un nouveau gouvernement national à la tête duquel se trouvait le Lorrain Raymond Poincaré, homme ambitieux, décidé et doué d'une haute intelligence. M. Iswolski, l'ambassadeur de Russie à Paris, qui, en 1911, avait été peu satisfait de l'état des esprits en France put constater avec satisfaction au bout de peu de temps combien le changement était rapide. Il écrivit dans un rapport que désormais on ne pouvait plus considérer la question d'Alsace-Lorraine comme abandonnée, et dépeignit en les approuvant vivement les efforts de M. Millerand, ministre de la guerre, pour exalter l'enthousiasme patriotique dans la population et dans l'armée. Il était évident que l'évolution chez les alliés occidentaux de l'Empire des tsars prenait là tournure qu'Iswolski souhaitait depuis longtemps [1].

Dès février 1912 commencèrent à Paris les négociations au sujet d'une convention maritime franco-russe [2]. Cette convention, signée le 16 juillet, prévoyait la coopération des deux flottes en cas de guerre. En temps de paix les Etats-majors des amirautés devaient échanger des renseignements et élaborer des plans communs. La conséquence de ces arrangements fut une concentration des formes maritimes françaises dans la Méditerranée, ce qui comportait l'avantage supplémentaire de couvrir le Maroc. Comme de cette façon, les côtes septentrionales et occidentales de la France se trouvaient dégarnies, l'amirauté britannique combla cette lacune et, de concert avec les autorités maritimes de la République, se chargea en août 1912 de la protection desdites côtes [3].

A peu près vers la même époque, M. Poincaré se rendit à Saint-Pétersbourg pour y conférer avec les personnalités dirigeantes [4]. Il insista tout d'abord sur l'importance, signalée par les conseils de l'Etat-major français, de la construction par la Russie d'une seconde voie de chemin de fer conduisant à la frontière alle-

─────────────

1. Comp. là-dessus Stieve, *Iswolski et la guerre mondiale*, pp. 46 et suiv.
2. *Corresp. dipl. d'Iswolski*, vol. II doc. 215.
3. Churchill, *Crise Mondiale 1911-1914*, pp. 93-94.
4. *Correspondance diplomatique d'Iswolski*, vol. II, doc. 401.

mande, afin de rendre possible une concentration plus rapide des troupes. En outre, il recommanda de compléter la convention navale franco-russe concernant la Méditerranée par une convention anglo-russe pour la mer Baltique, afin de pouvoir s'y opposer à l'Allemagne en cas de conflit. A cette occasion, il révéla que la Grande-Bretagne avait promis à la France, « si celle-ci était attaquée par l'Allemagne, de l'appuyer sur terre en envoyant à la frontière belge un détachement de 100.000 hommes. » L'entretien prit une tournure extrêmement significative quand M. Sazonow permit au président du Conseil français de prendre connaissance du traité secret serbo-bulgare. M. Poincaré déclara avec raison que c'était là un traité de guerre et considéra, suivant le rapport que Sazonow adressa au Tsar, « comme son devoir.... de faire ressortir que l'opinion publique en France ne permettrait pas au gouvernement français de se décider pour une action militaire dans des affaires purement balkaniques, à moins que l'Allemagne n'y prît part et ne créât de sa propre initiative le *casus foederis* ». C'était bien le point saillant : le but, pour la République, était l'Allemagne et non les Balkans. M. Sazonow comprit aussitôt, car dans sa note il continue en ces termes : « De mon côté je déclarai au ministre que nous (les Russes) étions toujours prêts, dans des circonstances telles qu'elles sont prévues dans notre alliance, à nous placer d'une façon décisive aux côtés de la France, mais que nous non plus ne pourrions justifier devant l'opinion publique russe une participation active à des opérations militaires quelconques provoquées par des affaires coloniales extra-européennes, à moins que ne soient touchés des intérêts vitaux de la France en Europe. » L'allusion au Maroc ne pouvait être formulée plus clairement.

A la suite de cet échange de vues l'appréhension de voir éclater la guerre balkanique préparée en secret grandit chez M. Poincaré. Il n'hésita pas, même de longs mois plus tard, le 15 octobre 1912, à désigner le traité serbo-bulgare comme un moyen « d'assurer à la Russie son hégémonie dans les Balkans [1]». Mais ce qu'il craignait, ce n'était pas tant qu'on mît en péril la paix en général, mais bien plutôt qu'elle fût mise en péril d'une façon qui donnât à l'allié de l'Est la possibilité d'obtenir des résultats décisifs sans s'inquiéter de l'Allemagne. La façon de voir qui le dominait avait déjà été exprimée dans une note de l'ambassadeur de France à Saint-Pétersbourg, M. Georges Louis, en ces termes : « Dans l'alliance, Constantinople et les Détroits forment la contre-partie de l'Alsace-Lorraine. Ce n'est écrit dans aucun accord, mais c'est le but suprême auquel on pense sans en parler. Si les Russes ouvraient la question dans leurs conversations avec nous, nous devrions répondre : « Oui, le jour où vous pourrez nous aider pour l'Alsace-Lorraine [2]. » En conformité d'un tel principe qui, au bout du compte, correspondait entièrement aux intérêts français, Poincaré demanda dès lors avec une extrême insistance à être exactement informé par Saint-Pétersbourg de toutes les démarches projetées.

Peu avant qu'éclatât l'incendie dans le Proche-Orient, M. Sazonow fit en septembre 1912 un voyage en Angleterre pour règler avec les dirigeants britanniques quelques divergences qui subsistaient encore entre l'Angleterre et la Russie. A cette occasion, il demanda aussi à Sir Edward Grey si l'on ne pourrait pas concerter une coopération des flottes britannique

---

1. *Les Affaires balkaniques*, pp. 111 et suiv.
2. JUDET, *Georges Louis*, p. 143.

et russe dans les eaux du Nord. Le ministre anglais repoussa cette idée, parce que la Baltique en particulier, que l'Allemagne pourrait peut-être fermer, menaçait d'être une trappe pour les navires qui s'y seraient introduits [1]. Cependant il ajouta : « Notre flotte, naturellement, bloquerait les côtes allemandes de la mer du Nord dans le cas où elle ne réussirait pas à forcer la flotte allemande à combattre, ce qui nous serait agréable. Si nous prenons part à la guerre, notre flotte entreprendra tout ce qui est humainement possible et aidera tous les participants de la guerre contre l'Allemagne [2] ». Pour que l'Angleterre prît part à la guerre, il indiqua comme la première et la plus importante condition que l'Allemagne fût l'agresseur, parce qu'il fallait tenir compte de l'opinion anglaise. L'indignation causée par les armements navals allemands se fit jour particulièrement dans un mot du roi d'Angleterre, qui, d'un ton visiblement irrité, s'écria : « Un conflit éventuel aurait des conséquances néfastes non seulement pour la flotte allemande, mais aussi pour le commerce d'outre-mer de l'Allemagne, car les Anglais couleraient tout navire de commerce allemand qui leur tomberait entre les mains [3]. »

Dans tous les cas, M. Sazonow dut tirer de ces déclarations la conviction que l'Angleterre était acquise à une passe d'armes, mais que, pour elle comme pour la France, l'antagonisme avec l'Allemagne était la chose principale et que la Russie devait éviter de prendre une attitude visiblement provocante.

Ce dernier point surtout méritait l'attention pour le moment, car déjà arrivaient de Sofia et de Belgrade, de même que de Cétigné et d'Athènes, des informa-

---

1. *Correspondance dipl. d'Iswolski*, vol. II, d. 508.
2. GREY, *25 années de politique*, vol. I, p. 283.
3. *Correspondance dipl. d'Iswolski*, vol. II, d. 508.

tions d'après lesquelles les peuples balkaniques préparaient la guerre contre la Turquie. A Balmoral, M. Sazonow ne révéla donc rien des origines de l'entreprise balkanique [1]. pour ne pas dévoiler le rôle de l'Empire des tsars. Il poussa même la prudence plus loin. Il participa avec énergie aux efforts diplomatiques qu'on s'empressa de faire, surtout à l'instigation de Paris, pour empêcher la guerre. A vrai dire la Russie s'était réservée la décision suprême relativement au moment où les peuples balkaniques commenceraient l'attaque et ce fut précisément le ministre russe des Affaires Etrangères qui souligna à plusieurs reprises que, de ce fait, l'alliance avait perdu ce qu'elle pouvait avoir de dangereux, puisque Pétersbourg serait à même d'intervenir au moment critique. Or, c'était là tout au moins une illusion. Car l'entente des peuples au sud-est de l'Europe — entente qui, comme nous l'avons vu, avait été ardemment désirée et sciemment encouragée par la Russie, avait eu en première ligne l'espoir de faire des conquêtes. Si donc la grande puissance slave détruisait cet espoir en opposant un *non* inexorable à sa réalisation, elle perdait sa suprématie sur les peuples balkaniques, qui pourtant constituaient dans ses calculs sa principale part de bénéfice. Ainsi l'Empire des tsars ne pouvait pas ordonner directement à la Bulgarie, à la Serbie, à la Grèce et au Monténégro de se tenir tranquilles, mais devait cacher derrière des démarches faites en commun par les puissances, sa répugnance pour la conflagration qui selon toute apparence allait éclater trop tôt pour les Russes. Qu'aux bords de la Néva on n'ait pas eu grande confiance dans le succès de ces démarches, c'est ce que prouvent les mesures secrètes

---

1. BUCHANAN, *Ma mission en Russie*, p. 66.

que l'on prit en Russie même. On procéda, en effet,
à un essai de mobilisation de grande envergure dans
les territoires limitrophes de la frontière occidentale
et, le 30 septembre, au moment où les peuples balkaniques mobilisaient, le VIe corps d'armée russe à
Varsovie reçut l'instruction « qu'un ordre télégraphi-
que de procéder à la mobilisation dans les districts
militaires européens à cause de complications politiques devrait être considéré en même temps comme un
ordre d'ouvrir les hostilités contre l'Autriche et contre l'Allemagne [1]. A l'extérieur, on n'en participa pas
moins à l'action pacifique des autres cabinets. A l'intérieur, on savait qu'il n'y avait pour ainsi dire rien
à faire et on se préparait à toutes les éventualités.

Effectivement les événements suivirent leur pente
naturelle et fournirent un prétexte d'ingérence. Les
peuples balkaniques exigèrent d'abord de la Turquie
des réformes pour la population chrétienne. Puis ils
passèrent à l'attaque sans s'inquiéter des protestations des grandes puissances. Le 8 octobre, le Monténégro déclara la guerre; le 17 et le 18 la Bulgarie, la
Serbie et la Grèce suivirent, la conflagration funeste
était allumée.

La Porte se vit tout d'abord dans la nécessité de
mettre rapidement fin à son conflit avec l'Italie. Le
16 octobre fut signée à Lausanne la paix à la conclusion de laquelle Berlin travaillait depuis plusieurs
semaines à Rome et à Constantinople, non sans avoir
eu de grandes difficultés à surmonter [2]. L'Italie arriva
à ses fins et se vit en possession des territoires récla-
més. Juste à cette époque elle se rapprocha un peu

---

1. M. MONTGELAS, *Guide pour la question de la responsabilité de la Guerre*, p. 37 et G. FRANTZ, *Entrée de la Russie dans la guerre mondiale*, pp. 46 et 234.
2. *Grande Politique*, vol. XXX, p. 423 et suiv.

plus de l'Allemagne, parce qu'elle se trouvait en opposition avec la France à la suite de l'occupation d'îles turques dans la Méditerranée. C'est ainsi que, sur le désir de Rome [1], la Triple-Alliance fut renouvelée dès le 5 décembre 1912, quoiqu'elle ne dût expirer qu'en 1914. En Autriche-Hongrie se manifestèrent au début de fort courants d'opinions contraires, mais le principal porte-paroles du parti anti-italien, le Chef d'État-major Conrad von Hoetzendorf fut révoqué de ses fonctions, parce qu'aussi bien le ministre des Affaires Etrangères, le comte d'Aehrenthal, que l'empereur François-Joseph, tenaient pour le maintien de la Triple-Alliance sous son ancienne forme [2]. Les engagements de l'Italie continuèrent, il est vrai, à rester assez vagues et cela en premières ligne parce que l'Angleterre se trouvait dans le camp adverse.

Les Etats balkaniques alliés marchaient de succès en succès dans leur guerre de conquêtes contre l'Empire Ottoman. Ainsi se réalisait rapidement ce à quoi personne ne s'était vraiment attendu. Les Turcs durent abandonner l'une après l'autre leurs positions défensives et ce n'est qu'à la fin de novembre que l'assaut des vainqueurs s'arrêta devant la dernière ligne de résistance, non loin de Constantinople, près de Tchataldja. Les conséquences de ces événements, furent d'une extrême importance pour l'Europe entière. Si les puissances avaient d'abord établi comme principe que, dans tous les cas, le *statu quo* devait être maintenu dans les Balkans, une telle idée se montrait maintenant impossible à réaliser. Dans les pays de l'Entente, l'enthousiasme pour les agresseurs croissait en proportion de leurs succès militaires. En Angle-

---

1. *Grande Politique*, vol. XXX, p. 511.
2. *Grande Politique*, vol. XXX, p. 525 et Hoetzendorf, Aus meiner Dienstzeit, VI, pp. 281 et suiv.

terre, on leur témoignait « une vive sympathie [1] ». De
Paris, M. Iswolski annonçait « un revirement sérieux
des esprits en faveur des Etats balkaniques [2] » et, en
Russie, où évidemment l'intérêt devait être le plus
vif pour les événements, on résolut d'intervenir dès
lors ouvertement en faveur des protégés dans le Proche-Orient. A la fin d'octobre, le Tsar, à l'instigation
du grand-duc Nicolas Nicolaïevitch et d'autres généraux, manda M. Sazonow auprès de lui « pour lui dire
qu'il était de son désir d'accorder aux puissances balkaniques toute l'aide imaginable [3] ».

Dans une telle situation, les victoires des alliés
étaient au fond aussi des victoires russes, victoires sur
la Turquie et en même temps sur l'Autriche-Hongrie.
Le sort avait infligé à l'Empire Ottoman l'ébranlement profond que des démarches politiques man-
quées n'avaient pu provoquer. Et la Monarchie
danubienne, entourée de peuples croissant vigoureu-
sement en puissance, dut renoncer à toute influence
dans le Proche-Orient. Durant des semaines, elle avait
fait preuve de la plus grande patience possible en
évitant toute démarche inconsidérée qui l'eût fait
sortir de son attitude expectante, alors qu'autour de
ses frontières se déroulaient des événements extrêmement préjudiciables pour elle. Berlin n'avait cessé de
recommander avec insistance cette attitude à Vienne
et ce n'est que grâce à elle que fut évitée alors la
conflagration générale. Car, si l'Autriche-Hongrie
s'était décidée à agir, la guerre mondiale, selon toute
probabilité, aurait éclaté dès cette époque.

Les formidables succès politiques de la Russie
eurent en effet comme conséquence qu'en France surtout on comprit qu'il fallait renoncer à la réserve ob-

---

1. Siebert, *Documents diplomatiques*, p. 589.
2. *Correspondance diplomatique d'Iswolski*, vol. II, p. 532.
3. Buchanan, *Ma mission en Russie*, p. 67.

servée jusque-là à l'égard de la politique russe dans
les Balkans. Cette réflexion était conforme à l'impi-
toyable logique des faits. N'était-il pas à craindre que
l'allié de l'Est n'atteignît réellement le but de ses
aspirations nationales ? La première partie des dési-
derata panslaves, l'hégémonie sur les États balkaniques agrandis, semblait déjà réalisée à la fin de l'automne 1912. On allait pouvoir se mettre à exécuter la
seconde partie : la conquête de Constantinople. Paris
devait-il, par son opposition et par un froid refus,
compromettre l'alliance et perdre ainsi l'espoir d'obtenir des avantages pour lui-même ? M. Poincaré essaya
d'abord, par une manœuvre habile, de retrouver son
compte dans l'affaire. Quand Vienne fit mine de défendre à la Serbie d'avancer jusqu'à l'Adriatique, c'est-
à-dire jusqu'à la Méditerranée, pour empêcher son
voisin le plus dangereux de devenir trop puissant,
M. Poincaré invita la Russie, le 4 novembre 1912, dans
la fausse hypothèse que l'Autriche-Hongrie méditait
pour elle-même un agrandissement de territoire, à
déclarer de concert avec la France et l'Angleterre
qu'on « était hostile à toute annexion de territoire turc
par une grande puissance ». Cette proposition en tant
qu'elle était dirigée contre l'Autriche, était une grande
concession à la Russie ; car elle prouvait, en contradiction avec ce que M. Poincaré lui-même avait déclaré
en août à Saint-Pétersbourg, que les conflits balkaniques seraient un *casus belli* pour la France, si l'Autriche se décidait à une action. En même temps, il y
avait chez le Président français l'intention manifeste
d'empêcher également une action de la Russie, puisque cet Empire se trouvait en première ligne parmi les
puissances qui, en vue des Détroits, nourrissaient
l'idée de s'emparer de territoires turcs. M. Sazonow
s'aperçut immédiatement du piège. Il se déclara con-

tre les mots : « hostile à toute annexion de territoire
turc par une grande puissance », et ajouta comme raison : « Elle pourrait aussi s'appliquer à la Russie dans
la question des Dardanelles [1]. » C'est ainsi qu'il ne
retint de la proposition que le fait, fort agréable à son
pays, d'une prise de position contre l'Autriche, et il en
manifesta dans sa réponse sa grande satisfaction.

Ce fut une nouvelle leçon pour M. Poincaré qui se
vit bientôt obligé de faire encore un pas de plus. L'antagonisme entre l'Autriche-Hongrie et la Serbie s'ag-
gravait. La Monarchie danubienne, afin de pouvoir
exercer une pression sur sa voisine difficile, avait
concentré depuis quelque temps déjà des troupes à la
frontière de la Serbie et, à Paris, la méfiance contre
les desseins du gouvernement de Vienne augmentait.
Pour ces raisons le Président français déclara, dans
une lettre du 16 novembre à l'ambassadeur de Russie,
que la République attendait de l'Empire des tsars
«intéressé en première ligne » des propositions précises
concernant les démarches à entreprendre, afin de
pouvoir les examiner [2]. Dans des conversations ulté-
rieures avec M. Iswolski, M. Poincaré expliqua ces
déclarations un peu vagues en disant que la Russie
devrait faire le premier pas, c'est-à-dire devrait répondre à une attaque de la Serbie par l'Autriche en prenant des mesures militaires, et que la France accour-
rait à son secours « aussitôt qu'on remarquerait une
intervention militaire de l'Allemagne [3] » Quand, au
début de décembre, on alla jusqu'à répandre la fausse
nouvelle que la Double Monarchie avait sérieusement
l'intention d'attaquer la Serbie, M. Poincaré se montra
« extrêmement soucieux et fit même des reproches à

---

1. *Correspondance diplomatique d'Iswolski*, vol. II, doc. 566.
2. POINCARÉ, *Au Service de la France*, vol. II, pp. 337-338.
3. *Correspondance diplomatique d'Iswolski*, vol. II, p. 607.

son alliée à cause de sa trop grande indifférence [1].»
Cependant, M. Millerand, le ministre de la guerre,
assura à l'attaché militaire russe à Paris : « Nous (c'est-
à-dire la France) sommes prêts et on doit en tenir
compte [2] ». Le 18 décembre, M. Iswolski put résumer
ses impressions en ces termes : « Ces derniers temps, je
n'ai plus à combattre l'idée que la France puisse se
voir entraînée dans la guerre pour des intérêts étrangers, mais je crains plutôt que nous ne nous montrions
trop passifs dans une affaire qui touche à la situation
et au prestige de l'Entente tout entière [3]. »

Peu de temps auparavant, M. Poincaré était allé
chercher de nouvelles garanties à Londres. Le traité
secret entre la Grande-Bretagne et la France au sujet
du Maroc, qui avait jusque-là porté de si bons fruits
pour la République, était dans une certaine mesure
devenu caduc par le développement des faits, Paris
ayant encaissé sa traité dans l'Afrique du Nord. On
cherchait donc depuis assez longtemps à trouver un
autre moyen de se lier — et si possible plus étroitement
encore — avec l'Empire mondial britannique. Il ne
pouvait être question d'une alliance au sens propre du
mot, parce que Sir Edward Grey comprenait fort bien
— il en avait fait nettement l'expérience en 1911 —
combien il dépendait de l'opinion publique de son
pays. Mais dans une correspondance privée (des 22 et
23 novembre 1912) avec l'ambassadeur de France à
Londres, M. Paul Cambon, il consentit à déclarer
« qu'aussitôt que l'un des deux gouvernements (de la
France ou de l'Angleterre) aurait des raisons fondées
de s'attendre à une attaque non provoquée de la part

---

1. *Correspondance dipl. d'Iswolski*, vol. II pp. 620 et 630.
2. Doc. Hist. *Les alliés contre la Russie*, André DELPEUCH, éd.
Paris, pp. 44 à 45.
3. *Corr. dipl. d'Iswolski*, vol. II, doc. 639, p. 399.

d'une tierce puissance, ou à une menace quelconque contre la paix générale, il aurait à conférer immédiatement avec l'autre gouvernement sur la question de savoir si l'on devait agir en commun pour repousser une attaque ou pour maintenir la paix, et quelles mesures communes devraient être prises en cas de besoin. Si ces mesures nécessitaient une action militaire, les plans des états-majors seraient à examiner immédiatement, après quoi les gouvernements auraient à décider dans quelle mesure ces plans devraient être exécutés [1]. » Un seul coup d'œil suffit pour se convaincre combien cet arrangement s'adaptait aux événements du continent, tels que M. Poincaré les jugeait alors. Il s'attendait de la part de l'Autriche à une action contre la Serbie, qu'évidemment il serait aisé d'interpréter comme une « menace contre la paix générale », surtout si la Russie, prenant l'initiative souhaitée par le Président français, arrêtait le bras de l'Autriche prête à frapper et appelait ainsi l'Allemagne sur la scène. Alors se présenterait le cas d'un « examen » en commun de l'affaire avec la Grande-Bretagne.

En cette heure critique, le gouvernement russe prit la situation beaucoup plus tranquillement que ne le fit le gouvernement de la République. D'abord Saint-Pétersbourg savait pertinemment que Vienne n'était pas résolue à l'extrême. Ensuite la Russie, malgré tous ses efforts pour réorganiser son armée et la préparer à un conflit européen, n'était pas encore suffisamment prête. Enfin, elle espérait en secret une occasion de conquérir Constantinople sans aide et pour elle seule [2]. Ainsi, pendant des mois encore, la France parut moins répugner à une guerre mondiale que la grande puis-

---

1. Grey, 25 *années de politique*, vol. I, p. 99.
2. *Correspondance diplomatique d'Iswolski*, vol. II 500.

sance slave [1]. D'autre part, l'empereur Guillaume II déclara très nettement « qu'il ne marcherait en aucun cas contre Paris et Moscou » au sujet de l'antagonisme serbo-autrichien et qu'il n'était tenu à soutenir son alliée « que si l'Autriche n'avait pas provoqué la Russie à l'attaquer [2] ». L'Allemagne ne fut donc pas la dernière à éviter par son attitude la conflagration mondiale.

Le 16 décembre 1912 les délégués des grandes puissances et ceux des Etats belligérants se rencontrèrent à Londres pour négocier la conclusion de la paix. Mais dès le 7 janvier 1913 il y eut une interruption parce que la Turquie refusait de livrer Andrinople à la Bulgarie. On reprit les armes. Pour la seconde fois les alliés s'avancèrent victorieux jusqu'à ce que le 16 avril, fût conclu un armistice. Le Monténégro seul continua la guerre pour s'emparer de Scutari, malgré les protestations de toutes les grandes puissances. Ce ne fut que lorsque l'Autriche-Hongrie menaça d'intervenir que le roi Nicolas rendit la ville. Mais les troubles des Balkans n'étaient pas terminés car un violent conflit entre les vainqueurs éclata au sujet du butin. Malgré tous les efforts de la Russie pour maintenir la concorde entre ses protégés, les Bulgares se tournèrent le 29 juin contre leurs anciens frères d'armes, au secours desquels accoururent aussitôt les Roumains. Les Bulgares furent battus et durent se contenter, lors de la paix définitive, signée à Bucarest le 10 août 1913, d'un agrandissement de territoire bien moindre que celui des autres peuples balkaniques.

---

1. Lettre de Benckendorff, 25 février 1913, Ministère des Affaires Etrangères, *Le livre blanc allemand sur la responsabilité de ceux qui ont provoqué la guerre, L'Allemagne est-elle coupable ?* pp. 156 et suiv.

2. *Grande Politique*, vol. XXXIII, pp. 302 et suiv.

Malgré la déception pénible que lui avait causée le changement de front de Sofia, la Russie pouvait être extrêmement satisfaite du cours des événements. Une partie considérable du travail que l'extension réclamait de son influence dans le Proche-Orient était faite. La Turquie était presque entièrement expulsée d'Europe et à Saint-Pétersbourg on croyait déjà pouvoir compter sur sa prochaine désagrégation. Un second grand avantage consistait dans le raffermissement de la Serbie qui avait très sensiblement augmenté en étendue et en population. L'état albanais créé par les grandes puissances ne fournissait qu'un contre-poids peu important, et l'affaiblissement de la Bulgarie, survenu à la dernière heure, était au fond plutôt favorable aux désirs russes, parce que, grâce à lui, le Benjamin du panslavisme, le peuple serbe, n'avait plus de rival réellement dangereux parmi les nouveaux états balkaniques [1].

Il n'y avait que le dernier et suprême but, Constantinople même, dont à proprement parler on n'avait pu se rapprocher. Les puissances supposaient involontairement que l'Empire des tsars projetait de profiter des guerres balkaniques pour soumettre cette ville à son pouvoir et firent les unes après les autres des propositions en conséquence. La France, il est vrai, promit solennellement, le 26 novembre 1912, de soutenir son allié « avec la plus grande énergie [2] », mais, fidèle à sa façon de procéder employée jusque-là, demanda que Pétersbourg voulut bien l'informer préalablement de toutes ses démarches. L'Angleterre suggéra à peu près à la même époque l'internationalisation de la capitale turque afin de prévenir immédiatement une

---

1. *Doc. dipl.*, p. 623, et *Corresp. dipl. d'Iswolski*, vol. III, doc. 1010.
2. *Correspondance dipl. d'Iswolski*, vol. II, doc. 589.

prise de possession par la Russie seule [1]. Quant à l'Autriche, elle offrit à l'Empire des tsars «pleine liberté d'action » en ce qui concernait les Détroits, à condition qu'il se désintéressât complètement de la partie principale de la péninsule des Balkans. Sur les bords de la Néva on traita toutes les propositions avec une prudente réserve, parce qu'on voulait avoir carte blanche. M. Sazonow eut d'abord l'idée «de traiter la question des Détroits comme en 1908, c'est-à-dire d'autoriser les Etats riverains de la mer Noire à laisser entrer et sortir leurs bâtiments de guerre, sous certaines conditions qui garantiraient la sécurité de Constantinople [2]» Plus tard, pendant que se déroulaient les événements de la guerre, il alla plus loin et pensa à une brusque action militaire. En mars 1913, il était à craindre que les Bulgares ne missent la main sur Constantinople. A ce moment, on examina sérieusement en Russie la possibilité d'un débarquement près de la capitale de la Turquie, mais on dut renoncer à cette entreprise à cause des insurmontables difficultés techniques et militaires qu'elle offrait. En juillet 1913, l'Empire Ottoman avait profité de la lutte des Etats balkaniques entre eux pour reprendre Andrinople. Alors M. Sazonow souleva la question de l'Arménie et exigea de la Porte des réformes pour ce pays, afin d'avoir de cette façon un prétexte diplomatique pour une invasion de l'Asie Mineure. Mais là, encore comme toujours, la Grande-Bretagne l'arrêta en déclarant qu'une entreprise de ce genre serait le commencement de la désagrégation de la Turquie d'Asie [3].

Une fois de plus la solution de la question la plus importante pour la Russie restait en suspens.

---

1. *Correspondance dipl. d'Iswolski*, vol. II, pp. 593 et suiv.
2. *Correspondance diplomatique d'Iswolski*, a. II, doc. 593 et suiv.
3. Comp. STIEVE, *Iswolski et la guerre mondiale* pp. 149 et 152.

Alors le ministre russe des Affaires Etrangères, assagi par l'expérience, évolua exactement dans le même sens que son prédécesseur M. Iswolski en 1908. Les amis politiques de son pays l'empêchaient de suivre la voie qu'il s'était tracée et qui certainement aurait été beaucoup moins dangereuse pour la paix européenne. Il lui fallut donc se décider à suivre une politique qu'approuveraient et Londres et Paris, c'est-à-dire une politique dirigée contre le groupe des Puissances centrales et avant tout contre l'Allemagne. Il ne pouvait compter vaincre finalement la résistance de l'Angleterre et de la France dans la question des Détroits qu'en se subordonnant à leurs intérêts.

La France surtout fit tout son possible pour engager la Russie dans cette voie. En janvier 1913, Poincaré fut élu Président de la République. La lutte électorale avait été influencée en sa faveur. M. Iswolski ayant persuadé la presse parisienne par des « arguments sonnants » et distribué des pots-de-vin. M. Poincaré occupant la plus haute fonction de la République, l'appui bienveillant de la France était assuré aux projets russes dans le Proche-Orient pour sept ans. Immédiatement après, Georges Louis, qui avait été jusquelà ambassadeur de France à Saint-Pétersbourg et dont la tenace circonspection avait depuis longtemps contrarié Iswolski fut rappelé de son poste et remplacé par M. Delcassé. Ce vieil ennemi de l'Allemagne eut la mission de décider définitivement les autorités militaires russes à construire les voies ferrées stratégiques conduisant à la frontière occidentale et de fournir à cet effet les moyens nécessaires. En même temps et en retour, la République décida d'introduire le service de trois ans, dont le but était d'augmenter très notablement l'armée française. Les journaux reçurent, là aussi, de l'argent russe pour dorer la pilule au peuple.

M. Delcassé réussit en peu de mois ce qu'on attendait de lui. En décembre 1913, la Russie reçut 500 millions de francs et promit en échange de compléter en cinq ans les voies ferrées conduisant vers l'Allemagne. Il y eut même déjà entre M. Delcassé et M. Sazonow des conversations détaillées sur les buts de guerre qu'on poursuivrait en cas de conflit général. La grande puissance slave dut reconnaître combien avantageuse pourrait être dans certaines circonstances une entente étroite avec ses amis [1].

Ainsi se produisit à Saint-Pétersbourg un changement funeste, qui fut encore hâté par un incident dont l'Allemagne fut la cause. Pendant les guerres balkaniques un changement de régime s'était opéré en Turquie. Le nouveau gouvernement décida d'entreprendre de sérieuses réformes et pria plusieurs puissances de mettre à sa disposition des spécialistes distingués dans divers domaines. On s'adressa à l'Italie pour la gendarmerie en Syrie, à la France pour les finances, à l'Angleterre pour la flotte, et à l'Allemagne pour l'instruction publique et pour l'armée [2]. Un général allemand placé à la tête d'une commission d'officiers, devait réorganiser l'armée turque et, le 30 juin 1913, l'empereur Guillaume II choisit le lieutenant-général Liman von Sanders pour cette mission [3]. Environ un mois auparavant, à l'occasion d'une entrevue avec le Tsar, l'empereur Guillaume avait informé celui-ci de la requête qui lui avait été adressée par la Porte et s'était assuré de son consentement [4]. Mais quand il s'était agi de réaliser ce plan, M. Sazonow avait élevé

---

1. Comp. STIEVE, *Iswolski et la guerre mondiale*, pp. 162 et suiv.
2. *Grande Politique*, vol. XXXVIII, pp. 196 et suiv.
3. *Grande Politique*, vol. XXXVIII, pp. 202 et suiv.
4. *Grande Politique*, vol. XXXVIII, pp. 216 et 306 et suiv.

de violentes protestations [1]. La nomination de Liman von Sanders, en décembre 1913, par le gouvernement Ottoman acheva d'exaspérer le ministre russe [2]. Sa principale objection était que le général allemand devait être aussi le chef du premier corps d'armée turc, en garnison à Constantinople. A sa demande, les représentants des puissances de l'Entente à Constantinople entreprirent une démarche collective et posèrent avant tout au Grand-vizir turc la question de savoir « si l'indépendance de l'Empire turc avait été garantie dans le contrat concernant la nomination des officiers allemands » et « si cet engagement touchait au *statu quo* des Dardanelles » [3].

Bien qu'à la Corne d'Or on n'eût aucune envie de céder, le Grand-vizir se laissa persuader par l'Allemagne de retirer le commandement du premier corps d'armée à Liman von Sanders et de lui confier uniquement les travaux de réforme de l'armée [4]. Le véritable motif de la protestation de M. Sazonow fut naturellement qu'en égard à la question des détroits il ne voulait à aucun prix tolérer un raffermissement militaire de la Turquie, depuis que les Etats balkaniques y avaient occasionné l'ébranlement désiré. Avant tout, il craignait que si Liman von Sanders avait Constantinople pour garnison on ne procédât à la construction de nouvelles fortifications autour de cette place tant convoitée, ce qui contrecarrait ses desseins secrets.

En plein conflit, le 8 décembre 1913, il écrivit pour le Tsar un rapport détaillé [5], dans lequel il exposait que la Russie ne devait permettre à aucun Etat de domi-

---

1. *Grande Politique*, vol. XXXVIII, pp. 206 et suiv.
2. *Grande Politique*, vol. XXXVIII, p. 239.
3. *Grande Politique*, vol. XXXVIII, pp. 250 et suiv.
4. *Grande Politique*, vol. XXXVIII, pp. 290, 293, 302.
5. *Correspondance diplomatique d'Iswolski*, vol. III, doc. 1157.

ner les Dardanelles et devait en conséquence se préparer militairement à une action contre le Bosphore. Voilà qui explique son attitude passionnée dans la question de Liman von Sanders. En même temps il tirait des expériences qu'il avait faites la conclusion « que la question des Détroits ne pourrait guère avancer autrement qu'à la suite de complications européennes ». Il se ralliait par conséquent à l'idée d'une guerre mondiale comme moyen de réaliser définitivement les aspirations de son pays. Il s'était rendu compte du peu que la Russie pouvait à elle seule, et les efforts déployés par l'Allemagne pour le relèvement de l'Empire Ottoman ne firent que le confirmer dans la conviction qu'une action commune de l'Empire des tsars avec l'Angleterre et la France contre les puissances centrales était le moyen d'atteindre le but. Dans une conférence des ministres du 21 février 1914, il affirma de nouveau qu'on ne saurait supposer « que nos opérations (celles de la Russie) contre les Détroits pussent se faire sans une guerre européenne générale ». Ce qu'il avait jusque-là voulu éviter par des actes entrepris de son propre chef, s'imposait maintenant à lui comme une amère nécessité. Il est évident qu'ainsi la paix européenne se trouvait compromise au plus haut degré. Même si à Saint-Pétersbourg on ne désirait pas directement la guerre mondiale, on la considérait cependant comme la dernière possibilité d'accomplir les vœux les plus chers.

En même temps que s'intensifiait « la poussée vers Constantinople », la politique russe dans les Balkans se montrait de plus en plus agressive. Elle fit tout ce qui était en son pouvoir pour aggraver la situation de l'Autriche. Ce travail s'opéra en plusieurs endroits. D'abord on voua aux Serbes une sollicitude particulière. L'amour-propre de cet orgueilleux peuple ne se trouvait nullement satisfait par les conquêtes des guerres balkaniques : elles l'avaient plutôt surexcité. Déjà, pendant les négociations relatives au partage du butin turc, Belgrade avait sans cesse présenté de nouvelles exigences, considérées comme exagérées même à Londres et à Paris, et qui avaient contribué plus que tout à aggraver l'antagonisme avec la Bulgarie. De Saint-Pétersbourg on conseillait la modération, mais ces conseils étaient accompagnés de promesses pour l'avenir qui donnaient fort à réfléchir. C'est ainsi que, le 6 mai 1913, M. Sazonow écrivait à M. Hartwig : « La Serbie... n'a encore parcouru que la première étape de sa voie historique et, pour atteindre son but, elle aura encore à soutenir une lutte terrible qui pourra mettre toute son existence en question. La terre promise de la Serbie est située sur le territoire de l'Autriche-Hongrie actuelle.... Le temps travaille pour la Serbie et à la perte de ses ennemis, qui montrent déjà des signes manifestes de décomposition [1] ». Et, six jours plus tard, le ministre de Serbie à Saint-Pétersbourg télégraphiait à son gouvernement : « Sazonow m'a répété que nous devons travailler pour l'avenir, où nous recevrons une grande partie du territoire de l'Autriche [2]. » Pour rendre plus fort encore cet Etat balkanique déjà puissamment développé, la Russie, dans les premiers mois de 1914, tenta de fusionner le Monténégro avec la Serbie, opération que Vienne déclara aussitôt inconciliable avec sa façon de voir [3].

Ce qui à cette époque causait les plus vives inquiétudes à la Double-Monarchie, c'était le mouvement de

---

1. *L'Allemagne est-elle coupable ? Libre blanc sur la responsabilité des promoteurs de la guerre*, p. 99.
2. BOGHITCHÉVITCH, *Causes de la guerre*, p. 129.
3. *Grande Politique*, vol. XXXVIII, p. 319.

plus en plus accentué qui en Serbie visait la « libération » des parties du pays des Habsbourg habitées par des Serbes. Elle revint donc à l'ancienne idée d'Aehrenthal de se servir de la Bulgarie contre la Serbie, et ce fut la cause de divergences d'opinions assez marquées avec Berlin. Là, on était prêt à appuyer par l'acceptation d'un emprunt les bonnes dispositions de Sofia à l'égard des puissances centrales, mais on ne voulait pas entendre parler de projets dirigés contre Belgrade et on ne se lassait pas de conseiller au Ballhausplatz de se raviser.

La situation de l'Autriche-Hongrie fut définitivement ébranlée lorsque M. Sazonow réussit à détourner la Roumanie des puissances centrales. Comme on le sait, cet Etat, le plus grand des Etats balkaniques, était rattaché à la Triple-Alliance depuis l'époque de Bismarck, et le traité d'alliance avec lui avait été renouvelé pour la dernière fois en 1912. Mais dès cette année le ministre russe des Affaires Etrangères s'efforça systématiquement de défaire le dernier pan du rempart élevé par le premier chancelier de l'Empire allemand. Grâce à M. Sazonow, la Roumanie fut admise à la conférence de Londres et se trouva ainsi accueillie dans le cercle des puissances européennes. Pendant les négociations qui s'ouvrirent à Saint-Pétersbourg entre les représentants des pays de l'Entente et ceux des puissances centrales et qui en 1913 eurent comme objet les revendications territoriales de la Roumanie, M. Sazonow sut inspirer à Bucarest des sympathies de plus en plus vives pour l'Empire des tsars.

Sir George Buchanan, l'ambassadeur d'Angleterre à Saint-Pétersbourg, qui pendant ces négociations était le porte-parole de la Grande-Bretagne, contribua de son côté à persuader les Roumains qu'ils pourraient mieux poursuivre leurs intérêts s'ils se rapprochaient du groupe de la Triple-Entente[1]. Dès le 14 août 1913, M. Iswolski écrivait à M. Sazonow ces lignes laudatives : « J'ai toujours considéré comme votre chef-d'œuvre politique ... que vous ayez séparé la Roumanie d'avec l'Autriche[2]. » Vers le milieu de l'année 1914 suivit le couronnement de l'œuvre. On commença par conférer le bâton de maréchal au roi Charles, puis on invita son fils, le prince héritier, à assister à l'inauguration d'un monument en Russie et finalement le tsar Nicolas II rendit visite au roi Charles à Constanza. M. Sazonow, qui accompagnait son souverain eut un entretien détaillé avec le président du Conseil des ministres roumain, Bratianu, auquel il demanda sans détour « quelle serait l'attitude de la Roumanie dans le cas d'un conflit armé entre la Russie et l'Autriche-Hongrie, si la Russie était contrainte par les circonstances d'ouvrir les opérations militaires ». Bratianu, il est vrai, répondit évasivement et fut même surpris de la possibilité d'un conflit sérieux, mais il laissa entrevoir qu'il ne croyait point son pays absolument obligé de soutenir la Monarchie danubienne[3]. Sazonow put se déclarer satisfait et il considéra avec raison sa visite à Constanza comme un grand succès. Car, du moment que l'Autriche-Hongrie ne pouvait plus compter sur la Roumanie, c'était le dernier soutien vraiment solide de son influence en Proche-Orient qui fléchissait. Il ne restait plus alors qu'une Bulgarie ardemment courtisée, mais peu sûre, et une Serbie hostile. Ainsi s'était évanoui le dernier espoir d'endiguer le flot montant des aspirations panslaves dans les Balkans.

Dans les calculs auxquels M. Sazonow se livrait sur

---

1. BUCHANAN, *Ma mission en Russie*, p. 78.
2. *Correspondance dipl. d'Iswolski*, vol. III, doc. 1010.
3. *Livre Noir*, vol. II, p. 377.

les possibilités de réaliser ses desseins politiques et où, ainsi que nous venons de le voir une fois de plus, « le conflit armé » jouait un rôle toujours plus grand, il y avait toujours une inconnue qu'il était difficile de dégager avec certitude : l'Angleterre. Dans le rapport ci-dessus, mentionné, adressé par le ministre au Tsar, la France était désignée comme l'aide sur laquelle on pourrait faire fond en cas de guerre. Dans un conseil des ministres du 13 janvier 1914, pendant la tension causée par Liman von Sanders, M. Sazonow déclara expressément « que le gouvernement russe pouvait compter de la part de la République sur un appui énergique jusqu'à toute extrémité. » « M. Delcassé, lit-on plus loin dans le document, a assuré au ministre au nom du ministre français des Affaires Etrangères que la France irait aussi loin que la Russie le désirerait [1]. » Mais en ce qui concerne la Grande-Bretagne, un autre passage du rapport dit que le gouvernement russe, avant d'entreprendre des démarches décisives, devrait s'assurer l'appui du cabinet de Londres, dont la participation active ne semble pas certaine, suivant l'avis du ministre [2]. Ceci n'avait rien d'étonnant vu l'attitude prise par l'Angleterre dans la question des Détroits, attitude à laquelle nous avons fait allusion plusieurs fois déjà. Précisément pour cette raison on fit tout pour vaincre la difficulté en face de laquelle on se trouvait et l'on prit des mesures destinées à resserrer plus étroitement que jusque-là les relations anglo-russes.

Sur le désir particulier du tsar Nicolas II, le ministre français des Affaires Etrangères, M. Doumergue, profita d'une visite du roi d'Angleterre à Paris, en avril

---

1. Stieve, *Iswolski et la guerre mondiale*, p. 240.
2. Stieve, *Iswolski et la guerre mondiale*, p. 242.

1914, pour convaincre Sir Edward Grey, qui était également présent, de la nécessité de conclure une convention navale avec la Russie. Les représentants de la République qui assistaient aux pourparlers « s'étonnèrent de l'empressement que Sir Edward Grey mit à exprimer, d'une façon claire et précise, sa volonté de s'engager dans la voie d'un rapprochement plus étroit avec la Russie [1]. » De fait, les négociations au sujet de la convention commencèrent peu après et on convint de tous les détails. L'attitude russe dans la question des Détroits fut prudemment et adroitement masquée par Saint-Pétersbourg. [2] On devrait évidemment s'y tenir sur ses gardes pour ne pas manquer le bénéfice énorme d'une convention ferme avec l'Angleterre. Dans tous les cas M. Sazonow pouvait dorénavant être beaucoup plus confiant quant au rôle de la Grande-Bretagne dans le cas de complications générales en Europe. De nouveau sa politique avait fait un pas important et au fond décisif. Rien ne pouvait l'encourager davantage à persévérer dans sa politique ambitieuse que le sentiment de pouvoir en cas de nécessité compter sur la puissance mondiale britannique.

Si l'on réfléchit aux événements des dernières années que nous venons de décrire, on arrive à la conclusion que peu à peu l'Europe était tombée dans un état incurable. La scission en deux camps, que nous avons mentionnée à maintes reprises, avait déjà conduit à une puissante lutte diplomatique de l'un des groupes contre l'autre et, notamment depuis le début des guerres balkaniques, cette lutte menaçait à chaque instant de dégénérer en conflit armé. Il saute aux yeux que la volonté d'attaquer, générale dans l'Entente,

---

1. *Correspondance diplomatique d'Iswolski*, vol. II, doc. 1327.
2. STIEVE, *Iswolski et la guerre mondiale*, p. 201.

était surtout vivace en Russie. Le bouleversement qui s'était opéré dans le Proche-Orient en faveur de la Russie avait réduit à la défensive l'Autriche-Hongrie et avec elle l'Allemagne. A ne considérer la situation qu'au point de vue purement politique, l'Entente possédait une grande supériorité. Militairement, il en était de même. Selon l'avis « des plus hautes autorités tant françaises que britanniques », les armées de terre dont disposaient ensemble l'Angleterre et la France pouvaient tenir tête aux forces allemandes [1]. Sur le pied de guerre, les effectifs des armées franco-russes réunies s'élevaient à un peu plus de 5 millions d'hommes, tandis que l'Allemagne et l'Autriche-Hongrie ne pouvaient mobiliser que 3.250.000 hommes. Les armements de l'Empire des tsars étaient si vastes que l'Allemagne, selon l'avis du diplomate anglais Lord Granville, « craignait son voisin oriental [2] ». Quant à la flotte allemande, l'amiral Tirpitz avait concédé récemment encore, par rapport à la flotte anglaise, la proportion de 10 à 16 et, ainsi que nous l'avons vu, la Grande-Bretagne se sentait assez supérieure pour se charger de la protection des côtes septentrionales et occidentales de la France. Dans le nord, on préparait en outre la collaboration avec les navires de guerre russes et, dans la Méditerranée, la flotte française se trouvait en face de la flotte autrichienne qui lui était incontestablement inférieure. Somme toute, il y avait donc là aussi une formidable supériorité de l'Entente. Le déséquilibre entre les deux groupes était encore augmenté au détriment des deux puissances centrales par le fait que la Monarchie danubienne souffrait réellement d'une grave maladie intestine. Les nationalités

---

1. GREY, 25 *années de politique*, vol. II, p. 60.
2. *Documents britanniques*, vol. XI. nº 66. Comp. aussi nº 52.

qu'elle renfermait tendaient à se séparer les unes des autres. La grande et triomphante idée de l'unité nationale qui avait créé le nouvel Empire allemand de même que la nouvelle Italie, ébranlait visiblement l'assemblage factice de l'État des Habsbourg. En Russie, on escomptait déjà l'écroulement définitif des pays du Danube, et l'on concevait de vastes plans de partage [1]. Si l'on ajoute à cela la faiblesse sensible de la position géographique de l'Allemagne qui présentait à l'est et à l'ouest de longues frontières découvertes, la force de la partie adverse n'en devient que plus évidente.

Dans la vie politique il existe, comme partout ailleurs, une loi de la nature qui pousse le plus fort à attaquer le plus faible. Cette loi était entrée en action surtout depuis 1912 et elle dominait à tel point la situation générale que toute tentative des puissances centrales pour maintenir le *statu quo* était considérée dans le camp de l'Entente comme une preuve d'arrogance. Après l'accommodement intervenu dans l'affaire Liman von Sanders, M. Poincaré déclara que la patience de la Russie était à bout et que le prochain conflit entraînerait la guerre [2]. Il oubliait que tout le bouleversement des Balkans n'avait été qu'une seule et grande provocation à l'adresse des puissances centrales alors que celles-ci ne s'efforçaient que de sauver ce qui pouvait encore être sauvé. Rien n'est plus ridicule que de prétendre que l'Entente ait eu peur des États centraux. Certes l'Allemagne était vigoureuse et supérieurement armée, mais qu'était-ce que cela en regard des vastes mesures de la Triple-Entente ? Encore au printemps 1914, quand, à Paris, des milieux

1. BUCHANAN, *Ma mission en Russie*, p. 99.
2. JUDET, *Georges Louis*, p. 233. Comp. aussi *Doc. britanniques*, vol. XI, n° 66

socialistes protestèrent contre l'exagération des armements de la République, retentit à Saint-Pétersbourg le cri orgueilleux : « Nous sommes prêts et il faut que la France le soit également [1]. »

L'atmosphère était remplie de méfiance, d'orgueil national surexcité et de suspicion réciproque. La guerre avait en quelque sorte déjà pris vie dans les esprits. On prétendait s'armer pour le maintien de la paix, mais en réalité on obéissait à l'envie passionnée de posséder le meilleur outil militaire pour le cas d'un conflit armé. Comme prétexte à l'introduction du service militaire de trois ans, dont, suivant l'opinion du ministre de Belgique à Paris, le peuple français ne pouvait pas supporter longtemps le poids sans se trouver devant le dilemme ou de l'abolir ou de partir en guerre [2], on alléguait l'augmentation des effectifs décidée à peu près en même temps en Allemagne. Cette augmentation à son tour avait été provoquée par l'affaiblissement de la situation de l'Autriche-Hongrie dans les Balkans. Ainsi de part et d'autre on ne cessait de rivaliser d'efforts de plus en plus grands.

A la longue, le continent tout entier, des limites septentrionales de l'Angleterre jusqu'à la Méditerranée, de la Sibérie jusqu'à l'Océan Atlantique, ressembla à un dépôt d'armes. L'Europe sentait la poudre. Il suffissait d'une étincelle pour faire sauter cet immense arsenal. Ce fut l'été 1914 qui apporta cette étincelle et provoqua par suite une explosion dont l'horreur avait été jusque-là insoupçonnée dans l'histoire de l'humanité.

----

1. *Grande Politique*, vol. XXXIX, pp. 586 et suiv.
2. *Documents belges* 1905 à 1914, p. 124.

LE 28 juin, l'archiduc héritier François-Ferdinand fut assassiné avec son épouse à Sarajevo, chef-lieu de la Bosnie. Il s'y était rendu pour assister aux manœuvres. Les assassins, quoique ressortissants de la Monarchie danubienne, étaient de nationalité serbe. L'instigateur secret de l'attentat était, ainsi que cela fut établi plus tard, le chef du bureau des renseignements de l'état-major serbe, le colonel Dragoutine. Ce nationaliste fanatique appartenait en même temps à la grande et puissante organisation secrète serbe, la Main Noire, qui s'était donné pour tâche de travailler par tous les moyens de la propagande et de la terreur à la réalisation de cette Grande-Serbie qui devait avant tout, embrasser la Bosnie et l'Herzégovine. On peut conclure de certains indices que les nationalistes serbes craignaient particulièrement que l'archiduc François-Ferdinand ne fît échouer leurs plans ambitieux, vu qu'il méditait le procéder en Autriche-Hongrie à une réforme fondamentale pour mettre un terme aux rivalités nationales. Son intention en effet était de remplacer le dualisme, dont l'union d'une Autriche indépendante et d'une Hongrie indépendante était l'expression, par un trialisme qui aurait transformé les parties de l'Empire habitées par des Slaves en un groupe également indépendant afin de les rattacher ainsi plus étroitement à l'ensemble de la Monarchie. La perspective de voir peut-être revivifier et consolider la vieille Monarchie des Habsbourg était évidemment contraire aux tendances de toutes les forces qui, dans l'intérêt de leur propre expansion, désiraient le démembrement de la Monarchie danubienne. Parmi ces forces se trouvaient en première ligne, les organisations secrètes panserbes qui en Serbie même avaient considérablement gagné en puissance par suite des guerres heureuses des dernières années, de sorte que le gouvernement de Belgrade, même s'il l'avait voulu, n'était plus guère à même de mettre sérieusement un frein à leurs agissements [1]. Le cabinet Pachitch qui était alors au pouvoir était informé de l'attentat projeté mais il n'osa pas prendre de mesures efficaces pour l'empêcher. Il est parfaitement croyable que Dimitrijevitch, vu le rôle important qu'il jouait, fut en relations étroites avec l'attaché militaire russe à Belgrade et cela d'autant plus si l'on se souvient du rôle important que la légation de Russie avait joué en Serbie depuis que M. Hartwig était à sa tête.

A Vienne on se trouvait en face d'un événement terrible et décisif. Le successeur du vieil empereur François-Joseph était tombé sous la main d'un assassin. Les circonstances particulières qui avaient accompagné l'attentat firent pencher la balance. La Monarchie elle-même était frappée, elle qui, vu l'antagonisme des différents éléments nationaux de l'Empire représentait la dernière et la plus sûre garantie de la cohésion de l'ensemble. Et elle avait été frappée précisément par les tendances qui travaillaient depuis longtemps à la désagrégation de cet ensemble. Le plus important nerf vital de l'Etat était touché, même le livre bleu anglais avoua plus tard nettement : « L'Autriche avait été provoquée. Elle avait à se plaindre

----

1. *Documents britanniques*, vol. XI, n° 70.

d'un mouvement populaire dangereux dirigé contre son gouvernement. » Et après les expériences amères que Vienne avait faites depuis de longues années, on n'y savait que trop que ce « mouvement populaire » était fomenté et dirigé en Serbie. Pas plus tard que le 29 juillet, l'ambassadeur d'Angleterre à Vienne informa son gouvernement que son collègue français s'était convaincu, par des confidences que lui avait faites le ministre de Serbie, que le gouvernement austro-hongrois, « vu l'état de fermentation croissante dans les provinces yougoslaves de la Double-Monarchie, s'était vu contraint, ou de se résigner à la séparation de ces provinces, ou de faire un effort désespéré pour les conserver en éliminant la Serbie comme successeur. [1] » La situation pénible de Vienne apparaît, par conséquent comme un fait irréfutable.

On décida donc d'agir. Il est vrai qu'on savait combien Berlin approuvait peu une action politique dirigée contre la Serbie. N'avait-on pas dû constater récemment, à l'occasion d'une entrevue à Konopischt, le 13 juin 1914, entre l'empereur Guillaume et l'archiduc François-Ferdinand, qu'on ne pouvait compter d'une façon absolue sur l'Allemagne pour une telle action. [2] Sous l'impression toute fraîche de l'assassinat de Sarajevo, qui avait été condamné par le monde entier comme un acte abominable, on envoya donc le comte Hoyos dans la capitale allemande pour obtenir qu'on y consentît à une action énergique contre la dangereuse voisine. Le comte Berchtold, alors ministre des Affaires Etrangères de la Monarchie danubienne, fit remettre à cette occasion un mémoire préparé déjà auparavant au sujet de l'attitude incer-

---

1. *Documents britanniques*, vol. XI, n° 265.
2. Comp. Feldmarschall Conrad, *Souvenirs de mon service* vol. IV, p. 30.

taine de la Roumanie ; ce mémoire exposait la situation dans les Balkans et replaçait au premier plan
l'idée de lier par un traité la Bulgarie aux Puissances
Centrales, afin de former ainsi un contre-poids aux
Etats qui se trouvaient sous l'influence russe. Une
lettre autographe de l'empereur François-Joseph
faisait remarquer que cette politique serait à l'avenir un moyen « d'isoler et d'amoindrir la Serbie ».

Le 5 juillet, le gouvernement allemand approuva
d'une façon générale les points de vue mentionnés.
Il ne pouvait se refuser à reconnaître que l'Autriche-
Hongrie était menacée par les menées des panslavistes serbes et russes. Quant au reste, il déclara qu'il ne
pouvait prendre position dans les questions en suspens entre Vienne et Belgrade, mais que l'Allemagne
« d'accord avec les engagements du traité d'alliance
et fidèle à sa vieille amitié se tiendrait aux côtés de
l'Autriche-Hongrie » [1] Conformément à l'attitude
observée jusque-là, on crut cette assurance nécessaire
pour ne pas faire naître chez l'allié le sentiment qu'on
voulait l'abandonner. Dans toutes les crises depuis
1908, on avait fait de même afin de ne pas perdre le
dernier ami sûr. Si maintenant on laissait la Monarchie danubienne libre d'agir contre la Serbie, on avait
pour cela plusieurs raisons. D'abord ce fut surtout
l'empereur Guillaume qui, surestimant le sentiment
de solidarité dynastique, croyait que l'assassinat du
prince héritier serait considéré aussi par les autres
monarques et par les autres gouvernements de
l'Europe comme une raison suffisante pour un
acte de réparation envers le pays atteint. D'ailleurs
on se basait sur l'espoir que le conflit resterait res-
treint à l'Autriche et à la Serbie. On croyait savoir

---

1. *Doc. allem. concernant l'explosion de la guerre* 1914, nº 15.

que la Russie surtout n'avait pas encore terminé ses
armements. Et en effet, les chemins de fer stratégiques conduisant à la frontière occidentale de la Russie et les préparatifs d'une action contre Constantinople ne devaient être terminés qu'en 1917. En outre,
on espérait fermement que l'Angleterre ne participe-
rait pas à une guerre de la Russie et de la France contre les puissances centrales et que, par là, elle empê-
cherait Paris et Saint-Pétersbourg de pousser les choses à l'extrême. Précisément à cette époque un accord
entre Londres et Berlin au sujet des colonies portugaises et du chemin de fer de Badgad était sur le point
d'aboutir et la Wilhelmstrasse voyait là une garantie de l'amélioration des relations entre l'Allemagne
et l'Angleterre.

Mais cette façon d'apprécier la situation se trouva
être une grande faute des dirigeants politiques de
l'Allemagne. Il sous-estimaient la solidarité et la résolution de la partie adverse.

Les hommes d'Etat autrichiens commirent eux
aussi de graves erreurs. Au lieu de profiter de l'indignation générale provoquée par le crime de Sarajevo
et d'agir rapidement, l'Autriche-Hongrie commença
par instruire sur l'attentat une enquête judiciaire qui
prit plusieurs semaines. L'état d'esprit favorable fut
perdu et les protecteurs de la Serbie gagnèrent du
temps.

Le 20 juillet, le président de la République française, M. Poincaré, arriva à Saint-Pétersbourg pour
y rendre au Tsar une visite décidée déjà auparavant.
Les descriptions que nous possédons des trois journées
qu'il passa dans la capitale russe, prouvent que, sur
la Néva, régnait déjà dans les sphères influentes un
état d'esprit très belliqueux [1]. Lors d'un dîner de gala

---

1. PALÉOLOGUE, *La Russie des tsars pendant la grande guerre*,
Revue des deux mondes du 15 janvier 1921, pp. 230 et suiv.

la fille du roi de Monténégro, la grande-duchesse Anastasie, raconta à l'ambassadeur de la République, M. Paléologue, que son père lui avait télégraphié que la guerre éclaterait avant la fin du mois, puis elle ajouta cette remarque personnelle : « Il ne restera rien de l'Autriche... Vous (les Français) reprendrez l'Alsace-Lorraine... Nos armées se rencontreront à Berlin... L'Allemagne sera anéantie ». M. Poincaré, de son côté, s'appliqua de son mieux à préconiser une attitude ferme de la Russie. Peu avant son départ, entre lui et les personnalités dirigeantes de la Russie furent solennellement confirmées les obligations imposées par l'alliance aux deux pays (la Russie et la France) [1]. Ainsi on savait à Saint-Pétersbourg que la France était prête à tirer l'épée, dans le cas où le différend austro-serbe deviendrait un conflit européen. Mais ceci ne pouvait se faire que si la Russie prenait les armes pour la Serbie.

Le soir du 23 juillet fut remis à Belgrade l'ultimatum de l'Autriche-Hongrie à la Serbie. Il contenait sous une forme sévère une série de demandes de mesures à prendre contre la propagande hostile à l'Autriche, contre les organisations secrètes et contre les complices des assassins de Sarajevo. Le 25 juillet, à 6 heures de l'après-midi, arriva la réponse du gouvernement serbe. Elle était conçue avec une extrême habileté. Presque tous les points de l'ultimatum étaient acceptés, mais pour la plupart avec des restrictions qui aboutissaient à atténuer et même à tourner les mesures exigées. Une des demandes, celle qui portait que des fonctionnaires de la Monarchie danubienne devraient participer à l'enquête contre les

---

1. Stieve, *Iswolski et la guerre mondiale*, p. 213. — *Doc. britanniques*, vol. XI, p. 101.

auteurs de l'attentat était refusée. A première vue, la note donnait l'impression d'une acceptation complète dès conditions posées, et l'empereur Guillaume pensait déjà que toute cause de guerre était écartée[1]. A Belgrade toutefois, on était, paraît-il, d'un autre avis, car trois heures après la remise de la réponse, on proclama la mobilisation. On avait prévu que le gouvernement autrichien ne s'estimerait pas satisfait. Le ministre d'Autriche quitta Belgrade; et, sur le Danube on ordonna, à 8 h. 1/2 du soir, la mobilisation partielle contre la Serbie.

La Serbie, qui se voyait menacée par sa grande voisine, eut à l'heure de la détresse une consolation importante et même décisive. Dès le 24 juillet, en effet, le ministre russe des Affaires Etrangères, M. Sazonow, avait déclaré que le conflit entre Vienne et Belgrade était une affaire européenne, et que la Russie ne pouvait tolérer l'action de l'Autriche-Hongrie. [2] Peu après, cette opinion fut rendue publique par un communiqué officiel [3]. Il est plus que probable que Belgrade reçut des assurances analogues, d'autant plus que nous savons actuellement que, dès le 18 juillet, le secrétaire général au ministère des Affaires Etrangéres dit au chargé d'affaires anglais que la Serbie « ne resterait pas seule » en cas d'une guerre avec l'Autriche [4]. Le 24 juillet également, un Conseil russe des ministres s'occupa des premiers préparatifs militaires, le 27 juillet M. Sazonow refusa toute influence modératrice de Paris, concernant l'attitude de Saint-Pétersbourg, en ajoutant comme raison « Vu que dès le début nous avons adopté un point de vue auquel

---

1. *Docum. allem. sur la déclaration de la guerre* 1914, n° 155, 198 et suiv.
2. *Livre bleu anglais*, n° 6.
3. *Livre orange russe*, n° 10.
4. *Doc. britanniques*, vol. XI, n° 61, 80.

nous ne pouvons rien changer. » [1] De ce fait le différend entre deux pays était devenu d'un seul coup une affaire qui concernait tous les cabinets, puisque les Etats de l'Europe étaient liés les uns aux autres par des alliances qui pouvaient les entraîner tous dans un conflit général si l'un d'eux se montrait disposé à prendre parti les armes en main.

La raison de l'attitude prise par la grande puissance slave est évidente. Si l'Autriche-Hongrie réussissait, ce dont on ne pouvait douter, à porter un coup sérieux à la Serbie, l'influence russe dans les Balkans, établie péniblement pendant les guerres de 1912 et de 1913, serait sensiblement menacée, sinon anéantie. Alors les efforts des dernières années auraient été inutiles : la Monarchie autrichienne pourrait se rétablir et le support principal des espoirs et des conquêtes panslavistes en Proche-Orient, c'est-à-dire la Serbie, pourrait s'écrouler.

Le gouvernement allemand se trouvait pour ainsi dire entre deux feux : d'un côté l'Empire russe menaçant, de l'autre l'allié que les circonstances avaient poussé à une action brusque et à qui on avait imprudemment permis d'agir de son chef.

Londres et Berlin alors déployèrent un grand zèle pour empêcher le pire. Le 25 juillet, le ministre britannique des Affaires Etrangères proposa une médiation de l'Allemagne, de l'Angleterre, de la France et de l'Italie à Vienne et à Saint-Pétersbourg. [2] Le gouvernement allemand donna son adhésion en soulignant, afin d'apaiser la Russie, que la monarchie des Habsbourg n'avait pas l'intention de réclamer de territoire serbe, c'est-à-dire d'amoindrir le protégé de

---

1. G. de ROMBERG, *Les falsifications du livre orange russe*, p. 20.
2. *Livre bleu anglais*, n° 11.

l'Empire des tsars[1]. Le 26 juillet, Sir Edward Grey, modifiant son attitude, proposa une conférence qui se réunirait à Londres et s'occuperait principalement du conflit entre l'Autriche-Hongrie et la Serbie. Cette proposition ne pouvait être acceptée par l'Allemagne parce que celle-ci voulait précisément, qu'on considérât le conflit comme une affaire limitée à elle-même[2]. Par contre, on s'empressa d'adhérer le 27 juillet à un conseil, venu de Saint-Pétersbourg et donné par l'ambassadeur allemand et par M. Sazonow, d'engager des conversations directes entre les gouvernements russe et autrichien[3]. Une nouvelle proposition anglaise de considérer la réponse serbe comme une base de conversations[4] fut également transmise à Vienne et vivement appuyée[5]. Dans l'intervalle, l'ambassadeur d'Allemagne à Londres avait mandé que, d'après les paroles du ministre britannique des Affaires Etrangères, « il ne fallait plus compter sur les sympathies anglaises et sur l'appui de la Grande-Bretagne »[6] si la Monarchie danubienne se montrait inflexible. C'était là un nouvel avertissement d'un danger de guerre mondiale. En effet, on voyait que dans certaines circonstances, Londres entendait prendre une attitude tout au moins inamicale. L'ambassadeur russe reçut même dès ce moment l'impression, d'après l'attitude de Sir Edward Grey, que la confiance de Berlin et de Vienne dans la neutralité de l'Angleterre n'avait plus de raison d'être[7].

---

1. *Documents allemands sur la déclaration de la guerre 1914*, nº 155, 198.
2. *Livre bleu anglais*, 36.
3. *Documents allemands sur la déclaration de la guerre 1914*, nº 238-248.
4. *Documents allemands sur la déclaration de la guerre 1914*, nº 258.
5. *Documents allemands sur la déclaration de la guerre 1914*, nº 277.
6. *Documents allemands sur la déclaration de la guerre de 1914*, nº 258, 265, 266.
7. *Prawda*, nº 7, du 10 mars 1919.

Dans l'intervalle se produisit un événement qui modifia de nouveau la situation : le 28 juillet l'Autriche-Hongrie, qui ne voulait pas se laisser détourner de la voie dans laquelle elle s'était engagée, déclara la guerre à la Serbie. Alors l'Allemagne, pour éviter de nouvelles complications, proposa que la Monarchie danubienne fît ressortir de son chef à Saint-Pétersbourg que son but n'était pas d'annexer des territoires serbes et qu'en outre elle ne pousserait pas les opérations militaires plus loin que Belgrade, afin de manifester par là que la campagne n'était comprise que comme un acte destiné à châtier un voisin turbulent [1]. Sir Edward Grey se rallia également à ce conseil. Mais la démarche autrichienne avait été devancée par des mesures russes qui rendirent la situation encore beaucoup plus sombre. Dès le 26 juillet, avait été ordonnée de Saint-Pétersbourg la préparation à la guerre pour la Russie d'Europe tout entière et, bien que ce fait fût tenu secret, des renseignements de plus en plus nombreux n'en arrivèrent pas moins à Berlin, sur des déplacements de troupes alarmants, sur d'autres événements qui se passaient en Russie et d'où l'on pouvait conclure que des mesures étaient prises pour le cas extrême. Des nouvelles analogues venaient de France. L'ambassadeur d'Allemagne à Saint-Pétersbourg fut chargé, le 29 juillet, d'attirer « très sérieusement » l'attention de M. Sazonow sur ce qu'une continuation des mesures de mobilisation forcerait l'Allemagne à mobiliser également. [2] En outre, l'empereur Guillaume II télégraphia au Tsar pour le prier de renoncer à tout acte menaçant. Le résultat fut au moins que Nicolas II retira l'ordre de

---

1. *Documents allemands sur la déclaration de la guerre* 1914, n° 323.
2. *Documents allemands sur la déclaration de la guerre* 1914, n° 342.

mobilisation générale et n'ordonna qu'une mobilisation partielle contre l'Autriche. Mais cela aussi ne fit que hâter la marche des événements. Le même jour arriva de Londres la nouvelle fatale que Sir Edward Grey avait averti l'ambassadeur d'Allemagne que l'Angleterre pourrait bien rester neutre dans le cas d'un conflit austro-russe, mais qu'elle pourrait se voir poussée à de rapides décisions si l'Allemagne et la France était entraînées dans la lutte. [1] Dès ce moment, la Wilhelmstrasse tenta d'exercer une pression encore plus forte que jusque-là sur Vienne. Non seulement elle conseilla d'urgence des négociations, [2] mais elle déclara qu'elle refuserait de se laisser entraîner inconsidérement par Vienne dans une guerre mondiale. [3] La Monarchie danubienne ne fit qu'une réponse à demi satisfaisante en se déclarant prête à renoncer expressément à l'annexion de territoire serbe.

Le ciel s'assombrissait de plus en plus. Le 30 juillet, M. Sazonow prit l'initiative d'une proposition d'arrangement en demandant à l'Autriche des adoucissements à l'ultimatum à la Serbie [4]. Il est probable qu'il ne croyait pas lui-même à la possibilité de faire aboutir son idée, depuis longtemps devancée par les événements, car peu d'heures après, il demanda au Tsar d'ordonner irrévocablement la mobilisation générale. De ce fait, à tout prendre, le dé était jeté. Tout ce qu'on fit encore pour empêcher la catastrophe n'avait plus guère de chances de réussir, puisque la Russie s'était décidée pour une solution armée du conflit. La mobilisation générale signifiait qu'on était

---

1. *Documents allemands sur la déclaration de guerre 1914*, n°368.
2. *Documents allemands sur la déclaration de guerre 1914*, n° 395.
3. *Documents allemands sur la déclaration de guerre 1914*, n° 396.
4. *Documents allemands sur la déclaration de guerre 1914*, n° 421.

résolu à la guerre. Enfin, mais trop tard, arriva la nouvelle qu'on était disposé à Vienne à causer directement avec Saint-Pétersbourg. De même furent irrémédiablement tardifs tous les autres efforts faits pour arrêter la marche militaire qui venait d'être mise en branle. Les gouvernements de Berlin et de Londres travaillèrent de toutes leurs forces à empêcher la catastrophe, mais l'heure des conférences diplomatiques était passée, et ce qui les remplaçait c'était la loi d'airain des armes.

Du côté de l'Entente cette loi résultait des accords conclus et des expériences faites jusque-là. Nous nous rappelons que M. Poincaré, pendant les jours critiques de l'automne 1912, avait précisé la manière de voir de son gouvernement en déclarant que la Russie devrait faire le premier pas, et que la France était prête à remplir son devoir d'alliée aussitôt qu'on s'apercevrait d'une intervention militaire de l'Allemagne, qu'on savait soutenir l'Autriche. [1] Or, le premier pas de l'Empire des tsars avait été fait par la mobilisation générale. La mobilisation partielle russe contre l'Autriche avait été suivie en France, le 30 juillet, de dispositions prises pour protéger les frontières. Quand la nouvelle de la mobilisation générale arriva à Paris, un Conseil des ministres se réunit dans la soirée du 31 juillet dont vers minuit le ministre de la guerre résuma le résultat en déclarant à l'attaché militaire russe d'un ton ferme et cordial que le gouvernement (français) était fermement résolu à la guerre. [2] Là aussi le dé était donc jeté. L'Allemagne, ayant proclamé dans l'après-midi de la même journée « l'état de danger de guerre », en pouvait donc comp-

---

1. *Corr. dipl. d'Iswolski,* vol. II, doc. 608.
2. G. von ROMBERG, *Falsifications du livre orange russe.* p. 41

ter sur son intention de ne pas laisser l'Autriche seule
dans sa lutte avec la Russie.

La tâche la plus difficile était de gagner l'Angleterre
à la guerre. Mais on avait des points de repère certains pour se guider dans la voie à suivre vers ce but.
Egalement en automne 1912, l'ambassadeur de Russie à Londres, le Comte de Benckendorff, avait attiré
l'attention de son gouvernement sur ce que la Grande-
Bretagne ne pourrait être gagnée à la participation
dans une guerre que si, par une action de la France,
cette guerre devenait générale et si en outre la responsabilité de l'attaque retombait sur l'adversaire,
c'est-à-dire sur les puissances centrales [1]. Le premier
point était rempli, puisque la République ne cachait
pas son intention de seconder son alliée. L'importance du deuxième point résultait de la situation particulière de la politique intérieure en Angleterre même,
Sir Edward Grey n'avait pas oublié ses expériences
des semaines qui avaient suivi la deuxième crise
marocaine, et chaque fois qu'il était question de la
possibilité de complications européennes, il soulignait
expressément que tout dépendait de la façon dont ces
complications se produiraient, vu que son peuple ne
comprendrait la nécessité d'une guerre que si l'attaque provenait des puissances centrales. Son attitude
durant les journées critiques à dater du 23 juillet
1914 fut partiale en faveur des amis politiques de
l'Angleterre en ce que, malgré les instances répétées
de l'Allemagne, il évita jusqu'au tout dernier moment, alors qu'on ne pouvait plus rien changer, d'engager Pétersbourg à la modération. Si de concert avec
son ambassadeur à Paris [2] il eût dit tout au début un

---

1. SIEBERT, *Doc. diplom.*, p. 588.
2. *Doc. Britanniques.* vol. XI, n° 129 134. 192 320.

seul mot pour faire comprendre qu'il considérait le conflit serbo-autrichien comme une affaire dont la Russie ne devait pas se mêler, cela eût certainement donné beaucoup à réfléchir sur les bords de la Néva et l'on n'y eût pas procédé avec autant d'énergie. Au lieu de cela, Sir Edward Grey alla jusqu'à encourager la Russie à la mobilisation partielle contre l'Autriche-Hongrie [1] et aggrava ainsi très notablement les dangers de conflit. Lui aussi était dominé dans sa conduite par la répugnance des membres influents de son ministère à adopter toute attitude que Saint-Pétersbourg aurait pu interpréter comme marquant l'intention de l'Angleterre d'empêcher de quelque façon que ce fût la grande puissance slave de sauvegarder ses intérêts dans les Balkans. [2] D'autre part il ne pouvait donner l'assurance claire et précise que le Royaume insulaire ferait cause commune avec la France et la Russie, justement parce qu'il n'était pas sûr de l'opinion publique de son propre pays, ni même de celle de la majorité du cabinet. C'est pourquoi Paris fit tout pour diminuer et écarter ses scrupules sur ce point. On conseilla à la Russie de tenir aussi secrètes que possible ses mesures militaires. Lorsque les troupes de couverture de la frontière furent mobilisées, on ordonna pour « des raisons diplomatiques » de les placer à 10 kilomètres de la frontière allemande, afin de manifester les sentiments pacifiques de la France. Plus tard M. Poincaré dans une lettre au roi d'Angleterre où il demandait le secours de la Grande-Bretagne, signala tout particulièrement cette mesure comme la preuve que la France n'était pas l'agresseur.

---

1. Comp. H. Lutz, *Lord Grey et la guerre mondiale*, p. 207.
2. *Doc. Britannique*, vol. XI, n° 101, 125, 153, 184, 204, 239.

Tout cela n'était que des manœuvres habilement calculées.

Dans l'intervalle, à Berlin les événements avaient marché dans le sens des efforts allemands. Les nouvelles de plus en plus fréquentes sur les mesures russes et françaises aux frontières de l'est et de l'ouest, avaient amené l'état-major allemand devant la probabilité prévue depuis des années de la tâche extraordinairement difficile d'une guerre sur deux fronts. Il poussa donc de son côté à des contre-mesures préventives. On ne pouvait obvier dans une certaine mesure au puissant danger d'être serré comme dans un étau qu'en devançant les ennemis autant que possible. C'est particulièrement contre la concentration des troupes russes, qui devenait plus probable d'heure en heure, qu'il s'agissait de prendre de l'avance. Les inquiétudes de l'État-major berlinois furent accrues du fait que l'Autriche, chose qui contrastait fort avec son action brusque contre la Serbie, semblait entravée dans ses préparatifs militaires contre la Russie. A Vienne, en réponse à la mobilisation partielle de l'Empire des tsars contre la Monarchie danubienne, la mobilisation générale ne fut ordonnée que dans la matinée du 31 juillet. Le haut commandement allemand demandait depuis la soirée du 29 juillet la proclamation de l'état de danger de guerre. Or, tant ce jour là que les jours suivants, les chefs politiques répondirent négativement à cette prière. Ce ne fut que le 31 juillet, alors qu'il n'y avait plus aucun doute sur la mobilisation russe, ainsi que nous l'avons dit plus haut, que la demande aboutit. Tous les avertissements que l'Empereur et le chancelier impérial adressèrent à Saint-Pétersbourg, de même que toutes les suggestions venant de Londres, restèrent sans effet.

Les voix des hommes d'Etat furent étouffées dans le bruit toujours croissant des armes.

Le 1er août à 4 heures de l'après-midi, la France, et l'Allemagne une heure plus tard, proclamèrent la mobilisation générale. Le soir de ce même jour, le gouvernement allemand déclara la guerre à la Russie et le soir du 3 août, il en fit autant pour la France. Les nécessités militaires que nous venons de mentionner forçaient inexorablement le gouvernement à agir ainsi. Paris et Saint-Pétersbourg eurent alors le prétexte bienvenu pour se présenter comme attaqués.

Le plan de campagne allemand, élaboré depuis de longues années pour le cas d'une guerre sur deux fronts, comprenait le passage à travers la Belgique. Ce n'est que par cette voie qu'on pouvait réussir à refouler rapidement l'armée française. Chez l'adversaire on savait cela parfaitement et depuis longtemps. On y comptait en 1906. Au début de 1911, M. Iswolski l'ambassadeur de Russie, écrivait à Paris : « Ici on est arrivé depuis longtemps à la conviction que dans le cas d'une nouvelle guerre franco-allemande, l'Allemagne violera certainement et sans hésiter la neutralité belge [1]. Les armements communs franco-anglais partirent de cette supposition. Quand Berlin demanda à Bruxelles le consentement au passage des troupes, Sir Edward Grey eut à Londres un moyen efficace de pousser le peuple anglais à participer à la guerre contre les puissances centrales. Il prétendit que la Grande-Bretagne devait monter sur la brèche pour le droit sacré des petites nations, que l'Empereur avait odieusement violé. Le 4 août, l'Angleterre déclara la guerre à l'Allemagne.

Quand on réfléchit aux événements qui ont con-

____

1. *Corr. dipl. d'Iswolski*, vol. II doc. 12.

duit à la guerre mondiale, on arrive involontairement à conclure qu'ils ont été les conséquences fatales et inéluctables de l'évolution qui les a précédés dans l'Histoire. Le mot du poète : « le hasard n'existe pas » est encore plus vrai dans la vie des peuples que dans celle des individus. La catastrophe de 1914 n'est pas née spontanément et en quelque sorte du néant, mais elle a été préparée par le développement de toute une génération. Tout bien considéré, elle n'a pas été non plus l'œuvre funeste de quelques hommes politiques et de quelques chefs militaires avides de conquêtes ou de vengeance, quel que soit le zèle avec lequel tel ou tel personnage occupant un poste responsable ait contribué inconsciemment ou sciemment à hâter la conflagration générale. Ces personnages n'étaient plus ou moins que les enfants de leur siècle sans le caractère particulier duquel ils n'auraient jamais pu réaliser leurs désirs. On ne met pas le feu à tout un continent, si la direction du vent n'est pas favorable. Or, ce souffle de vent, c'était l'esprit de l'époque que l'on a désigné du mot d'impérialisme, c'était cette volonté d'expansion, d'agrandissement et de puissance, qui animait depuis longtemps les États européens. La lutte de tous contre tous, qui éclata dans sa redoutable gravité lorsqu'au début d'août 1914 les nations armées furent lancées les unes contre les autres, avait à proprement parler existé de tout temps quoique sous une forme plus atténuée, et s'étendait comme une ombre lourde et d'année en année plus lugubre sur une génération qui ne connaissait ni trêve ni repos. Cette lutte, il est vrai, s'était déroulée d'abord au loin, dans des continents étrangers où les grands pays cherchaient à accaparer tout ce qu'ils pouvaient atteindre. Mais vint ensuite le moment où elle fut transférée en Europe même et partagea irrévocablement celle-ci en deux camps, dont l'un, le plus fort, se dressa contre l'autre. Depuis, la décision suprême n'était plus qu'une question de temps. Et la crise se produisit lorsque le groupe le plus faible tenta, en Autriche-Hongrie, de sortir de sa situation considérablement empirée, en se libérant d'une pression sans cesse croissante. Mais l'adversaire était déjà trop fort et avait remporté trop de succès pour tolérer la chose.

Les aspirations expansionnistes de l'Allemagne tendaient, ainsi que nous l'avons vu, au delà de possessions coloniales relativement peu importantes, à l'ouverture de l'Asie Mineure ; et le chemin de fer de Bagdad devait être l'entreprise qui permettrait de réaliser ce projet. Or, précisément parce que ce but ne pouvait être atteint que grâce à une Monarchie danubienne viable et à une Turquie valide, l'Allemagne devait intervenir pour le maintien et non pour la modification du *statu quo* en Europe. Sa politique n'était donc pas subversive ainsi que c'était le cas chez des membres importants du parti adverse. La Russie voulait l'hégémonie dans le Proche-Orient, et cette hégémonie ne pouvait être atteinte que par la dissolution complète de l'Autriche-Hongrie et par la destruction de la Porte. La France visait à exploiter ces aspirations de son alliée de l'est pour régler au moment propice ses comptes avec le vainqueur de 1870-71. L'Angleterre, elle, était de plus en plus encline à se débarrasser d'une rivale dont la puissance maritime croissante l'inquiétait, et à tirer parti du moment où l'Allemagne serait aux prises avec ses voisins continentaux. Ainsi, l'impérialisme de l'Entente s'orientait de plus en plus vers l'attaque armée des puissances de l'Alliance, dont très peu de temps après le commencement de la terrible lutte, les buts apparurent nettement, tout au moins en ce qui concerne la Russie et la France, comme consistant dans l'anéantissement militaire et économique de l'Allemagne, dans le démembrement de la Monarchie danubienne, dans la conquête de Constantinople par l'Empire des tsars et dans celle de l'Alsace-Lorraine par la France.

L'issue de la guerre mondiale a donné la victoire à la supériorité de la force. Ce furent le nombre et la puissance matérielle qui décidèrent dans ce combat gigantesque des masses et des engins de destruction. Ce fut au fond le triomphe brutal de l'époque.

FIN.

ACHEVÉ D'IMPRIMER
POUR LES ÉDITIONS RIEDER
PAR
NICOLAS, RENAULT ET Cie
A POITIERS (VIENNE)
EN DÉCEMBRE 1928